Stephanie Faber

Schön ab vierzig

Originalausgabe

WILHELM HEYNE VERLAG

MÜNCHEN

HEYNE RATGEBER
08/5009

ISBN 3-453-08189-7

Inhalt

Schönheit:
Ab vierzig

Keine Angst vor Falten!

Welche Frau auf der Welt würde wohl die ersten Falten als langersehntes Zeichen des Erwachsenseins begrüßen? Wir gewöhnen uns so langsam daran, spätestens nach dem dreißigsten Geburtstag, die Spuren der Zeit zu sehen und mit ihnen zu leben. Nun mag es ein wenig nach Resignation klingen, wenn wir sagen, die Falten sind nun mal da, wir können nichts dagegen machen, und wir müssen sie so akzeptieren, wie sie sind. Diese traurigen Überlegungen führen eher dazu, Resignationsfalten zu bilden, und das sind die einzigen Falten, die wirklich alt machen.

Mit vierzig haben wir gelernt, jedes Problem tatkräftig anzugehen. Also krempeln wir die Ärmel hoch, und überlegen wir, welche Aktivitäten dazu führen, die Falten zu glätten. Des Rätsels Lösung gibt es nicht zu kaufen, nicht die teuerste Hautcreme der Welt vermag die verjüngende Wirkung zu erzielen, die ein aktiver Geist hervorbringen kann. Schönheit beginnt im Körper und nicht außerhalb; es ist immer eine Sache des Wissens, der Intelligenz und der Willenskraft, Schönheit aufzubauen und zu bewahren. Überlassen wir die teuren Cremetöpfe den Unaufgeklärten. Schön ab vierzig ist viel mehr als nur die Hoffnung auf Schönheit aus dem Cremetopf. Es ist eine innere Haltung, die Energie, Beweglichkeit und Aktivität von uns verlangt. Und es sind diese Eigenschaften, die uns in Schönheitsfragen kreativ und frei machen. Es genügt nicht zu wissen, wie man welchen Lidschatten aufträgt, und obwohl es wichtig ist, gut geschminkt zu sein, darf das Gesicht einer reifen Frau nicht nur von

Schminke getragen werden. Es muß etwas hinter dem Gesicht sein, eine Ausstrahlung, die ein gutes Make-up nur noch betonen soll. Was äußerlich alt macht, ist innere Passivität, Mangel an Selbstrespekt, Minderwertigkeitsgefühle gegenüber der Jugend. Wenn wir attraktiv älter werden wollen, dürfen wir den Vergleich mit der Jugend nicht fürchten. Um gut auszusehen, sollten wir selbstbewußt an uns glauben und nicht dauernd Vergleiche mit dem Aussehen anderer anstellen. Ein gesundes Selbstwertgefühl bildet die beste Aura für Schönheit. Was die Frau ab vierzig unwiderstehlich machen kann, ist ihr Esprit, ihre Regsamkeit und Intelligenz, ihre Lebenserfahrung, ihre Wendigkeit, sind ihre guten Manieren. So ist der Schönheitsbegriff der Vierzigjährigen nicht mehr mit »hübsch« zu beschreiben; Schönheit umfaßt nicht mehr allein das Äußere, denn die Attraktivität bezieht sich auf den ganzen Menschen und vor allem auf seine innere Haltung, die dann sein Äußeres widerstrahlt.

Der Schlüssel zur Schönheit einer Vierzigjährigen ist der aktive Geist. Mit vierzig sollten wir unseren Stil gefunden haben, und das bedeutet auch einen individuellen Stil für die Schönheitspflege, für die Aufmerksamkeit gegenüber dem Körper, für die Gesundheit, die Ernährung. Ab vierzig gilt das Gesetz des Maßhaltens. Spätestens in diesem Alter haben wir erkannt, daß Überdosen jeglicher Art schädigend sind; so durchzieht das Gesetz des Maßhaltens alle unsere Lebensbereiche. Wir legen schlechte Lebensgewohnheiten ab, etwa übermäßiges Rauchen, zuviel Alkohol, ungesundes Essen; in unserer äußeren Erscheinung werden wir vorsichtiger im Umgang mit aggressiven Farben, sei es auf dem Gebiet der Mode oder bei der Wahl der Haarfarbe. Im Laufe seines Lebens haben wir uns gewisse Rituale angeeignet, sei es ein Körpertrainingsprogramm, Saunabesuche, Schwimmen, regelmäßige Besuche bei der Kosmetikerin oder der Masseuse, der tägliche Spaziergang, die Ausübung eines Sports. Das sind die Fundamente für das Alter, und je bewußter unsere Lebensgewohnheiten auf diese wichtigen Aspekte ausgerichtet werden, desto unkomplizierter und selbstverständlicher werden wir sie im Alter empfinden. Denn dem älteren Menschen bereitet es oft Schwierigkeiten, das Leben umzustellen und bis dahin ungewohnte Aktivitäten für Schönheits- und Körperpflege aufzunehmen.

Schön ab vierzig ist auch das Bewußtsein, erwachsen zu sein. Wir haben gelernt, Selbstverantwortung zu tragen, und können auch mit unserer äußeren Erscheinung dokumentieren, was die Summe unserer Lebenserfahrung ausmacht. Es ist eine Ruhe und Überschaubarkeit ins Leben gekommen, die wir mit dreißig noch nicht kannten. Wir fühlen uns frei in unseren Entscheidungen, während wir mit dreißig noch abhängig waren von den Meinungen anderer; wir fühlen uns nicht mehr verstrickt in unbeherrschbare, verworrene Gefühle, denn wir haben gelernt, unsere Gefühle zu interpretieren; durch tausend Kleinigkeiten des täglichen Lebens wurden wir geschult, Organisation in unseren Alltag zu bringen und viele Dinge zu tun, zu denen wir mit dreißig noch nicht in der Lage waren. Im Umgang mit anderen sind wir toleranter geworden, und unsere neue Lebenseinstellung bietet uns die Grundlage für intensivere und tiefergreifende Beziehungen zu unseren Freunden. Waren wir mit dreißig noch besitzergreifend, so haben wir mit vierzig gelernt, loszulassen und die Freiheit des anderen zu akzeptieren; an die Stelle des allgegenwärtigen Ego ist der Wunsch nach der Zwiesprache mit dem Du getreten. Wir lachen über andere Dinge als früher und beginnen den Zusammenhang zwischen Humor und Lebensweisheit allmählich zu begreifen.

Bei diesen Möglichkeiten der Entfaltung sollte die Frage nach den Falten eigentlich nur noch geringe Bedeutung haben. Befreien wir uns von den wehmütigen Gedanken an die Jugend, und stellen wir unser neues Wohlbefinden in den Vordergrund der Überlegungen. Mit diesem Wohlbefinden haben wir eine neue Ästhetik unseres Aussehens entwickelt, einen Sinn für Schönheit, der aus körperlicher und geistiger Harmonie hervorgeht. Die neue Sicht des Lebens brachte eine unverfälschte Verjüngung. Wir sind erfahren genug zu wissen, daß jede Störung dieser Harmonie bewußt aufgegriffen und geistig verarbeitet werden muß, denn nun sind wir nicht mehr passiv und willenlos.

Von außen nach innen betrachtet, werden wir uns schlecht fühlen, wenn wir schlecht aussehen. Alles, was nicht gut ist für unser Inneres, bringt Disharmonie; falsche Ernährung wird uns müde machen, übermäßiger Zigarettenkonsum nervös, zu wenig Schlaf zerstreut, hektisches Leben labil. Ebenso wird ein schlechtsitzendes Kleid, eine ungünstige Frisur, falsches Make-up Disharmonien schaffen. Das disharmonische Aussehen wird dazu beitragen, von anderen Menschen falsch eingeschätzt zu werden, und es bedarf erneuter Anstrengung zu zeigen, »wie man wirklich ist«.

So ist es ein gewisser äußerlicher Standard, den wir mit einem neuen Selbstwertgefühl erreichen. Sehen wir uns einmal an, welche Aktivitäten und Meinungen bekannte Frauen über vierzig im Hinblick auf die Schönheitspflege dieses Alters wichtig finden. Wir werden dabei feststellen, daß der Energieaufwand und die Selbstdisziplin eine größere Rolle spielen als finanzieller Einsatz. Und wir sehen bestätigt, daß sich Schönheit und Attraktivität ab vierzig nicht nur die Frau leisten kann, die ein großes Budget dazu einsetzt.

Frauen ab vierzig und ihre Schönheitsgeheimnisse

Grace Bumbry: Primadonna aller großen Opernhäuser dieser Welt, feierte sie Triumphe als »Salome«, als »Aida« in Salzburg, als »Venus« in Bayreuth. Ihr Ratschlag für

Schönheit betrifft vor allem die Ernährung. »Ich beschäftige mich mit Ernährungswissenschaft und habe alle wichtigen Bücher über Ernährung gelesen. Ich nehme Vitamintabletten, ich ernähre mich natürlich, und vor jeder großen Aufführung lasse ich mir eine Vitamin-B$_{12}$-Injektion geben. Auch glaube ich, daß gute Verdauung sehr wichtig ist, wenn man eine schöne Haut und gute Laune haben will. Nachdem ich jahrelang an Verstopfung litt, habe ich endlich Kleie entdeckt, und jetzt reise ich nicht mehr ohne meine Kleie. Ich esse jeden Abend ein wenig Kleie mit kalter Milch, und morgens nehme ich Pflaumenkompott.«

Alice und Ellen Kessler: Von New York bis Rom, von Paris bis Berlin, die ganze Welt bewundert sie, die Kessler-Zwillinge. Sie überzeugen nicht nur durch ihre hübschen Beine. Sie sind Persönlichkeiten, die durch ihren Charme und ihre liebenswürdige Ausstrahlung zu den bemerkenswerten Ausnahmen im Showgeschäft gehören.

»Wir halten nichts vom Übertreiben. Sei es im Guten oder im Schlechten, wie z. B. Genuß von Alkohol – rauchen gibt es bei uns sowieso nicht – oder auch im Training. Alles sollte man mit Maß tun, es kommt nur auf die richtige Dosierung an, und die ist natürlich für jeden individuell verschieden. Ausreichender Schlaf ist für jede Frau wichtig, das gilt auch für uns. ›Disziplin‹ ist für uns auch aus beruflichen Gründen oberstes Gebot.«

Christiane Singer: Die französische Schriftstellerin und Literaturwissenschaftlerin, Generalsekretärin des Österreichischen PEN Clubs, wurde in Deutschland vor allem durch ihr Buch »Zeiten des Lebens – Von der Lust sich zu wandeln« bekannt. Die Autorin lebt seit ihrer Heirat mit dem Architekten Georg Graf Thurn von Valsassina im österreichischen Waldviertel. Sie hat zwei Söhne.

»Mit vierzig betreten wir eine ganz neue und faszinierende Welt, wenn wir den Mut haben die Reife nicht als ›Schicksalsschlag‹, sondern als Geschenk anzunehmen. Auch wenn wir weiterhin unser Erscheinungsbild hegen und pflegen, sollten wir es aus einem anderen Geist tun. Die Schönheit, mit der wir jetzt ein Bündnis schließen, wird die innere sein.

Lieben, lieben, alles in uns versöhnen, vergeben, Dankbarkeit für diese Existenz verspüren, das sind wohl die allerwirksamsten Schönheitstips. Erst dieses Strahlen von innen bewirkt in allen Zellen eine Lebendigkeit, der wir bisher in uns noch nie begegnet waren.«

Vicomtesse Jacqueline de Ribes: Mit einundzwanzig Jahren stand sie zum ersten Mal auf der Liste der bestangezogenen Frauen der Welt. Damals besaß sie nur zwei Haute-Couture-Kleider, und der Rest ihrer Garderobe bestand aus Kleidern, die sie selbst geschneidert hatte. Noch heute gehört sie zu den elegantesten Frauen der Welt und ist berühmt für ihr enormes Wissen über Architektur, für ihre Kreativität beim Design von Möbeln und Stoffen. Ihr Ratschlag für Schönheit:

»Ich halte nichts von strikten Diätkuren, mit denen man das Gewicht seiner Jugendjahre erreichen will. Eine Frau darf nicht zu dünn werden, wenn sie älter wird. Sonst verliert ihr Gesicht an Fülle und auch ihre Schultern und der Nacken. Ich versuche einfach zu leben, und meine tägliche Abmagerungskur besteht darin, mich ständig auf Trab zu halten.

Und noch etwas anderes ist gefährlich für das gute Aussehen einer Frau, das ist der Alkohol, besonders wegen seiner kumulativen Wirkung. Ich trinke nie Alkohol. Ich halte viel von Vitaminen, und noch wichtiger als Vitamine, meine ich, sind die Mineralien, denn sie kontrollieren unsere Stimmungen. Ich bin überzeugt, daß Depressionen, Ärger und Stimmungsschwankungen mit dem chemischen Gleichgewicht oder Ungleichgewicht im Körper zu tun haben. Natürlich stehe ich mit diesem Glauben nicht allein, aber ich weiß, daß Mineralienmangel meine Leistungsfähigkeit und mein körperliches Wohlbefinden stört, und es ist gut, das zu wissen.«

Inge Rodenstock: Als Frau eines Industriellen gibt es für sie zahlreiche gesellschaftliche Pflichten, und sie gehört auf dem internationalen Parkett zu den attraktivsten Erscheinungen. Die Aktivitäten ihres Lebens sind nicht nur auf gesellschaftliche Verpflichtungen beschränkt. Sie ist Künstlerin, Illustratorin, Kunstsammlerin und Beraterin großer Kunstausstellungen.

»Mein Schönheitsrezept besteht aus viel frischer Luft. Ich laufe Ski im Winter, fahre Rad im Sommer, mache Jogging und Gymnastik auf dem Trimm-dich-Pfad. Ich bin keine Sonnenanbeterin, und große Strohhüte sorgen am Strand für meine *unmoderne* Blässe. Die schlanke Linie erhalte ich durch regelmäßiges Essen, auf meinem Speiseplan stehen viele Gemüse, Salate und oft Spaghetti. Ich esse kaum Süßigkeiten, keine fetten Soßen. Ganz wichtig ist der Schlaf. Da ich lange unter Schlafstörungen gelitten habe, begann ich, abends Yoga zu treiben, Kräutertee zu trinken und nicht mehr spät ins Bett zu gehen.

Ich glaube, der wichtigste Punkt für Schönheit ist das seelische Gleichgewicht. Man sagt nicht umsonst, eine Frau ab dreißig sei für ihr Gesicht verantwortlich. Deshalb sollte man mit vierzig eigentlich erkannt haben, daß wir nicht im Paradies leben, sondern uns mit unserer Umwelt auseinandersetzen müssen. Das gilt auch für unsere Beziehungen zu Familienmitgliedern und Freunden, alle sind sie Menschen mit Vorzügen und Fehlern, man sollte die Vorzüge suchen und die Schwächen mit Toleranz behandeln. Es ist besser, kleine Fehler zu verzeihen, als in ewiger Fehde oder emotionaler

Unruhe mit der Umwelt zu leben. Unzufriedenheit und Neid sind Eigenschaften, die der Schönheit nicht zuträglich sind. Die Harmonie im Menschen kommt seinem Äußeren sehr zugute.«

Gaby von Schönthan: Die erfolgreiche Romanschriftstellerin Gaby von Schönthan wurde vor allem durch ihre Bücher »Zwei ungleiche Schwestern« und »Wie viele Stunden hat die Nacht« berühmt. Zu Fragen der Schönheit sagt die attraktive Wienerin:

»Ich glaube, daß ab dem ›gewissen‹ Alter die Schönheit – oder nennen wir es besser die Ausstrahlung oder der Charme – von innen kommen muß. Ich glaube, daß Unzufriedenheit, schlechte Laune und Enttäuschungen auch mit dem perfektesten Make-up nicht zu übertünchen sind. Ich bemühe mich daher, positiv zu leben und zufrieden zu sein mit dem, was ich habe. Ich genieße bewußt jede kleinste Freude und jede fröhliche Stunde und versuche, die Unannehmlichkeiten des Lebens nicht überzubewerten. Ich bin eine begeisterte Schläferin, schlafe viel und gut – so man mich läßt –, und sollten Kummer und Sorgen manchmal ein bisserl viel werden, so hilft mir autogenes Training, mich wieder in den Griff zu bekommen.

Mein Schönheitsprogramm: Das tägliche Bad, Haarwäsche jeden dritten Tag, sorgsamste Zahnpflege, viel Bewegung an der frischen Luft (mit dem Hund), schwimmen, figurbewußtes Essen, Vitamine und Mineralien – all das sind unerläßliche Hilfsmittel.«

Rund um die Augen

Unsere Augen werden ständig von Reizen überflutet. Sie zeichnen nicht nur eine unendliche Vielzahl von Bildern und Bewegungen auf, sondern werden auch zusätzlich strapaziert, etwa durch verschmutzte, verrauchte Luft, durch unzureichende Beleuchtung am Arbeitsplatz. Der Streß, unter dem unsere Augen zu leiden haben, und die Verkrampfung, die sich daraus ergibt, führen nicht nur zu einer Schwächung der Sehkraft, sie strapazieren auch die Haut um die Augen. Diese Haut ist sehr zart und empfindlich, und mit zunehmendem Alter bilden sich um die Augen die ersten Fältchen. Gutes Sehen ist nur bei völliger Entspannung der Augen möglich, und schließlich führt auch die Entspannung beim Sehen zu einer wohltuenden Regeneration der Haut um die Augen.

Die Erkenntnis, daß gutes Sehen nur durch Entspannung von Auge und Geist möglich ist, führte den amerikanischen Augenarzt Dr. William Bates zu einer neuen Entdeckung bei der Behandlung von Sehschwäche. Sein Buch »Gut sehen ohne Brille« erschien 1920 in den USA, und heute wird die Bates-Methode weltweit praktiziert. Bates vertritt in seinem Buch die Ansicht, daß die Brille kein Heilmittel ist, sondern nur eine Krücke. Deshalb versucht Bates, auch bei Kurz- oder Weitsichtigkeit mit entspannenden Übungen heilende Wirkungen zu erzielen. Einer seiner spektakulärsten Erfolge war die Behandlung des berühmten Schriftstellers Aldous Huxley, der mit Hilfe der Bates-Methode von seiner Fastblindheit geheilt wurde. Nach einer schweren Hornhautentzündung war Huxleys Augenlicht so schlecht geworden, daß er nur mit Hilfe immer stärkerer Augengläser lesen konnte. Nach einigen Monaten intensiven Trainings nach der Bates-Methode war er wieder fähig, ohne Brille zu lesen. Das Wunder des wiedergeschenkten Augenlichts beschrieb Huxley in seinem Buch »The Art of Seeing«.

Streß ist nach Meinung von Bates der wahre Grund für das Nachlassen der Sehkraft. Deshalb sieht das Bates-Programm zur Verbesserung der Sehfähigkeit geistige und körperliche Entspannungsübungen vor, die den gesamten Menschen aus der Umklammerung von Verspannungen lösen sollen. Meditative Atemübungen werden begleitet vom beruhigenden Auflegen der Handflächen auf die geschlossenen Augen. Man kann die beruhigende Wirkung mit einer feuchtwarmen Kompresse unterstützen. Auch das wohltuende Sonnenbad ist nach Bates eine Verjüngungskur für die Augen. Während man die entspannenden Atemübungen fortsetzt, schließt man die Augen und wendet das Gesicht der Sonne zu. Im Rhythmus des Atmens bewegt man nur den Kopf langsam von links nach rechts und zurück und fühlt bewußt das Eindringen der Sonnenwärme in alle Teile des Gesichts und vor allem in die Augen. Auch der Kräftigung der Augenmuskulatur hat Bates mehrere Übungen gewidmet. So hat er etwa das »Würfelspiel« als Training für die Beweglichkeit der Augenmuskulatur entwickelt. Man schließt die Augen und würfelt gleichzeitig mit sechs Würfeln. Dann die Augen öffnen und blitzschnell der Reihe nach jeden Würfel ansehen. Die Augen wieder schließen und die gemerkten Punkte laut aufsagen. Diese Übung ist auch als Konzentrationstraining hervorragend geeignet.

Das Prinzip körperlicher und geistiger Entspannung, das Bates zur Grundlage der Verbesserung von Sehkraft machte, ist auch für die Akupressur gültig. Ihre Anwendung durchblutet nicht nur die Augen, sondern verhilft auch zu einer entspannten, faltenfreien Haut um die Augen. Im Gegensatz zur Akupunktur, wo Nadeln in bestimmte Reizzonen gesetzt werden, wird die Akupressur durch Druck und leichte Massage mit den Fingerspitzen ausgeführt. Mit wenigen, leicht erlernbaren Handgriffen können Sie diese Punkte in Ihrem Gesicht ertasten und sich selbst behandeln.

In China gilt die Akupressurmassage als vorbeugende Maßnahme gegen eine Vielzahl von Leiden, die durch körperliche und geistige Verkrampfung hervorgerufen werden. Zweimal täglich pausieren Schüler, Fabrikarbeiter, Angestellte und Studenten für fünfzehn Minuten, um diese Massagen durchzuführen. Die Akupressurmassage für die Augen zeigt das asiatische Verständnis für den ganzen Komplex von Sehproblemen, denn sie arbeitet Verspannungen des Gesichts entgegen, um die Augen zu entlasten. So wird die gesamte Gesichtsmuskulatur entkrampft, durchblutet und belebt. Nach einer Akupressurmassage fühlt man sich erfrischt und entspannt, Müdigkeitsfalten um die Augen und Tränensäcke sind verschwunden. Für jede Frau, die konzentrierte Schreibtischarbeit leistet, die viel liest oder diffizile Arbeiten mit den Händen verrichtet, muß die Akupressurmassage eine Wohltat sein. Ich selbst praktiziere sie seit vielen Jahren, sei es am Schreibtisch, in der Erholungspause während langer Autofahrten oder wenn ich fühle, daß für die Entspannung meiner Augen gesorgt werden muß.

Akupressur für die Augen

Um die Übungen durchzuführen, setzen Sie sich an eine Tisch und stützen die Ellbogen auf. Machen Sie es sich ganz bequem, indem Sie sich von der Taille aus vorbeugen, jedoch nicht den Nacken hängen lassen. Engagieren Sie sich auch geistig für das, was Sie tun, um so größer wird der Erfolg sein.

Aus der Illustration der Akupressurpunkte können Sie ersehen, daß es sechs wichtige Punkte gibt, die nun paarweise nacheinander behandelt werden.

Punkte 1 und 2: Beginnen wir mit den zwei Punkten unterhalb der Augenbrauen. Suchen Sie mit Ihren Daumenkuppen nach diesen beiden Punkten, indem Sie die Haut leicht drücken und massieren. Schließen Sie die Augen, und konzentrieren Sie sich darauf, dann werden Sie die genaue Position der Punkte leicht erfühlen. Wenn Sie diese Punkte gefunden haben, verstärken Sie den Druck der Daumen, und fahren Sie fort, die Punkte mit leichten kreisenden Bewegungen zu massieren, denn die Pressurpunkte brauchen Stimulanz, damit Energie in sie einfließen kann. Vielleicht spüren Sie zu Beginn der Übung einen leichten Schmerz. Wenn Sie die Übung jedoch mehrmals gemacht haben, wer-

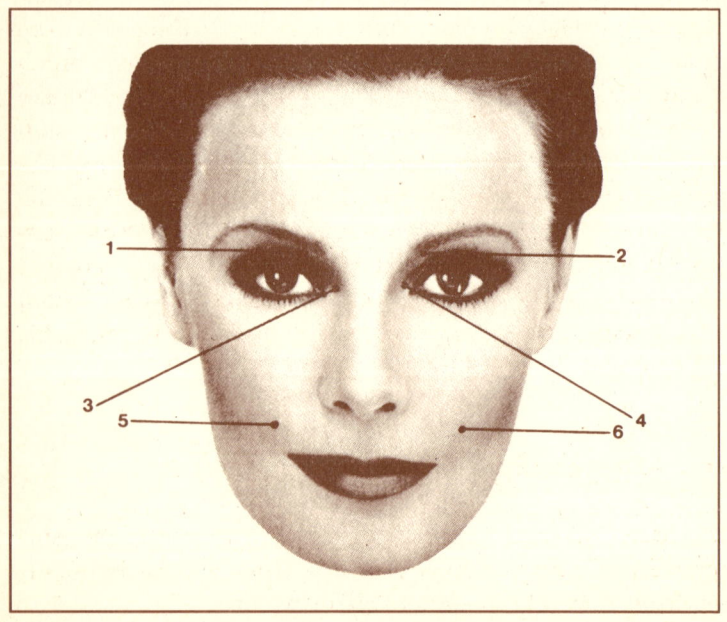

den Sie keinen Schmerz mehr fühlen, vielmehr eine sehr angenehme Durchblutung.

Punkte 3 und 4: Die Punkte 3 und 4 sind nicht leicht zu finden. Ertasten Sie mit den Mittelfingern oder den Zeigefingern die Stellen. Hier zwischen Auge und Nasenwurzel, fühlen sich die sensiblen Punkte »knorpelig« an. Üben Sie sanften Druck aus, und bald werden Sie die Reaktion spüren. Wenn Sie die Punkte gefunden haben, dann verstärken Sie den Druck, ohne zu massieren oder mit den Fingern zu kreisen. Je mehr Sie sich auf diese zwei subtilen Punkte konzentrieren, desto intensiver werden Sie die Reaktion fühlen.

Punkte 5 und 6: Die Position des dritten Punktpaares finden Sie unterhalb der Wangenknochen. Ertasten Sie mit den Mittelfingern und den Zeigefingern die Punkte im Übergang zwischen Wangenknochen und Gaumen. Schließen Sie die Augen, und konzentrieren Sie sich auf diese Stellen, durch einen leichten Druck mit den Fingern werden Sie die Punkte gleich finden. Wenn Sie dabei das Kinn auf die Daumen stützen, können Sie die richtige Position der Punkte rasch ausmachen. Nun verstärken Sie den Druck und reiben die Punkte mit kreisenden Bewegungen. Wenn Sie auf die Massage dieser Punkte empfindlich reagieren, dann bedeutet das, daß Sie hier starke Energieblockaden haben. Sie sollten also diesen Punkten so lange Aufmerksamkeit widmen, bis Sie eine positive Energiezufuhr verspüren.

Die Akupressurmassage

Die letzte Massageübung beschäftigt sich mit sechs Pressurpunkten, die für die Augen wichtig sind, und ist bei übermüdeten Augen besonders empfehlenswert.

Stützen Sie die beiden Ellbogen auf, drücken Sie die Daumenkuppen gegen die beiden Punkte an den Schläfen, wobei die Hände eine lockere Faust bilden. Nun streichen Sie von den Fingerwurzeln der Zeigefinger ausgehend langsam mit den beiden Zeigefingern über die Augenbrauen. Wiederholen Sie die Übung mehrmals, dann massieren Sie die zwei Punkte des Unterlids. Massieren Sie nur ganz leicht, und wiederholen Sie die Übung so lange, bis sie die entspannende, durchblutende Wirkung spüren. Halten Sie den Atem während der Massage nicht an, sondern atmen Sie gleichmäßig ruhig aus und ein.

Mit den Augen turnen

Junge, gesunde Augen blinzeln häufig, sie sind in Bewegung, sie schließen und öffnen sich sanft und ohne Nervosität. Je verkrampfter der Mensch ist, desto mehr neigen seine Augen zum unbeweglichen Starren. Vor allem Brillenträger geben ihren Augen viel zuwenig Gelegenheit, sich von der Brille zu erholen. Wenn sie die Brille abnehmen, erschrickt man über die Mattigkeit und Starrheit des Blicks. Denken wir an Dr. Bates, für den die Brille nur eine Krücke und kein Heilmittel war. Er riet dazu, die Brille so oft wie möglich abzunehmen, um die Augen wieder an das natürliche Sehen zu gewöhnen.

Wenn Sie diese Unbeweglichkeit der Augen an sich selbst beobachten, werden Sie gerne etwas dagegen unternehmen wollen. Sehr hilfreich ist dabei die Augengymnastik, durch die sich die ermüdete Augenmuskulatur kräftigen und erholen kann. Diese gymnastischen Übungen sind sehr einfach. Es kommt nur darauf an, sie regelmäßig durchzuführen, um die geschwächten Augenmuskeln zu stärken. Nehmen Sie sich täglich einige Minuten Zeit dafür, und Sie werden bald einen guten Erfolg spüren.

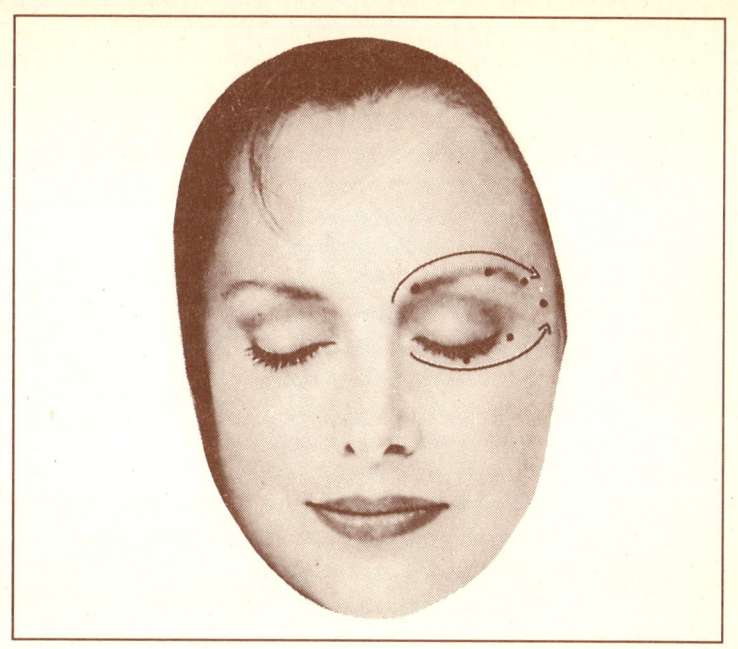

1. Kopf aufrecht halten und geradeaus sehen. Ohne den Kopf zu bewegen, abwechselnd an die Zimmerdecke und auf den Boden blicken.
2. In der gleichen Haltung so weit wie möglich nach rechts, dann nach links schauen.
3. Den Kopf aufrecht halten und nicht bewegen. Zuerst so weit wie möglich nach oben, dann so weit wie möglich nach links, dann auf den Fußboden und schließlich so weit wie möglich nach rechts blicken.
4. Mit den Augen rollen. Zuerst langsam nach links, dann nach rechts.
5. Auf die Nasenspitze schauen und dann so weit wie möglich in die Ferne.

Naturkosmetika für die Augenpflege

Die feuchte Wärme von Kräuterkompressen zählt zu den wirksamsten Mitteln für die Augenpflege, denn sie entspannt, glättet und beruhigt die Haut um die Augen.

Die einfachste Art, Kräuterkompressen herzustellen, erfolgt mit Hilfe von Teebeuteln, die man kurz in heißem Wasser ziehen läßt und dann warm auf die Augen legt. Die für die Teekanne vorgesehene Schnur am Beutel wird zweckentfremdet, indem man sie hinter die Ohren schlingt, damit der Teebeutel beim Trocknen nicht herunterfällt. Über die Teebeutelauflagen breiten Sie ein feuchtwarmes Tuch, wobei die schützende Dunkelheit der Kompresse zur Entspannung der Augen beiträgt.

Fencheltee-, Kamillentee- und Pfefferminzteebeutel eignen sich für Augenkompressen am besten. Wird die Augenkompresse aus frischen Kräutern zubereitet, so überbrüht man zuerst das getrocknete Kraut, läßt es kurz ziehen und seiht ab. Nun taucht man zwei Mullkompressen oder Wattebausche in den warmen Teeaufguß, drückt sie leicht aus und legt sie auf die Augen. Um die Wärme und die Feuchtigkeit zu halten, kann man die Augen mit einem feuchtwarmen Tuch bedecken. Nun sollte man mindestens zehn Minuten entspannt ruhen, um die Kompresse wirken zu lassen. Für den Teeaufguß eignen sich Heilkräuter wie Kornblumenblüten, Kerbel, Rosmarin, Augentrost und Fenchelwurzel.

Augenfältchen-Öl

Zutaten

1 Kaffeelöffel Kakaobutter
5 g Lanolin anhydrid (½ Kaffeelöffel)
50 g süßes Mandelöl
½ Kaffeelöffel reiner Bienenhonig

Zubereitung: Auf dem kochenden Wasserbad Kakaobutter und Lanolin anhydrid schmelzen, dann das süße Mandelöl und den Honig zugeben und alles auf 60 Grad erwärmen. Vom Feuer nehmen und mit dem elektrischen Handrührmixer auf kleinster Stufe kaltrühren. In Cremedöschen abfüllen und im Kühlschrank aufbewahren.

Anwendung und Wirkung: Das biologisch kostbare Augenfältchen-Öl ist ein ideales Pflegemittel für die Augenpartie. Tragen Sie das fein verstreichbare Öl hauchdünn auf. Es wird von der Haut sehr rasch aufgenommen und hinterläßt keinen öligen Glanz. Bei regelmäßiger Anwendung wirkt es beruhigend und glättend und arbeitet zunehmender Faltenbildung entgegen.

Das Augenfältchen-Öl ist gewiß ein guter Ersatz für so manche industriell gefertigte Augenfältchencreme. In vielen dieser Cremes sind Quellmittel enthalten. Diese Mittel lassen die Haut um die Augen zwar vorübergehend aufquellen, so daß sie kurzfristig glatt und faltenfrei wirkt, jedoch wird die Dehnung der Poren auf lange Sicht eher zu einer Erschlaffung der empfindlichen Haut um die Augen führen. Außerdem werden viele Augencremes nicht immer reizlos vertragen.

Regenerieren
mit Gesichtsmasken

Mit vierzig haben wir gelernt, Zeit für geistige und körperliche Entspannung wichtig zu nehmen. Wie wohltuend ist es, nach einem anstrengenden Tag einfach nur ruhig dazuliegen, die Augen zu schließen und nichts anderes zu empfinden als Ruhe und Stille. Das Lösen von körperlicher und geistiger Verkrampfung kann man systematisch üben, mit Atemübungen unterstützen, mit Gymnastikübungen oder Yoga. Kosmetische Hilfsmittel wenden wir an, um während einer Ruhepause das Gesicht auch äußerlich zu entspannen. Dazu eignen sich Packungen und Masken als intensiv wirkende Schönheitsmittel. Sie sind stimulierend, fördern die intensive Durchblutung der Poren, reinigen, heilen und glätten die Haut. Schönheitsfördernde Gesichtsauflagen gehören seit jeher zur klassischen Hautpflege. Schon im Altertum dienten warme Moor- und Schlammauflagen der Gesundheit und Schönheit, und die Frauen vergangener Jahrhunderte wußten Mehl-, Frucht- und Kräuterpackungen zu schätzen. Die gute Wirkung einer Gesichtsauflage ist schon spürbar, wenn man mit einer feuchtwarmen Kompresse das Gesicht bedeckt oder mit einer eiskalten Kompresse die Haut erfrischt. Der blutzirkulationsfördernde Effekt ist eine Wohltat für die Haut und dient der Entspannung des ganzen Körpers.

Eicreme-Packung

Zutaten

1 Eßlöffel süßes Mandelöl oder Weizenkeimöl
1 Eigelb
1 Eßlöffel reiner Bienenhonig

Mit dem Kochlöffel das Mandelöl tropfenweise in das Eigelb
einrühren, bis eine Mayonnaise entstanden ist. Dann den
Bienenhonig dazugeben und rühren, bis die Mischung glatt
und gut streichfähig ist.

Nun wird die honigduftende Packung mit dem Backpinsel
auf das gut gereinigte Gesicht, den Hals und das Dekolleté
aufgetragen und nach einer halben Stunde Einwirkungszeit
mit reichlich warmem Wasser abgewaschen.

Bei trockener, müder Haut wirkt die Packung erfrischend,
glättend und nährend.

Hautmayonnaise

Zutaten

1 Eigelb
2 Eßlöffel süßes Mandelöl
1 Spritzer Zitronensaft

Rühren Sie das Mandelöl tropfenweise in das Eigelb, so daß
eine feste Mayonnaise entsteht. Nun einen Spritzer Zitronensaft hinzufügen.
Die Mayonnaise mit einem breiten Backpinsel über Gesicht
und Hals verteilen und eine halbe Stunde einwirken lassen.
Danach vorsichtig und zart die erstarrte Packung von der
Haut rubbeln und mit viel lauwarmem Wasser nachspülen.

Im Eigelb emulgiertes Öl mit einem Spritzer Zitronensaft

für ideale pH-Werte gehört zu den besten Pflegemitteln für die Haut. Nach dem Abrubbeln fühlt sich Ihre Haut wunderbar weich und zart an und ist rosig durchblutet. Die Packung können Sie beliebig oft anwenden, und sie empfiehlt sich besonders für trockene Haut.

Peeling-Maske mit Hefe

Zutaten

1 Würfel Bäckerhefe
etwas Milch

In einer Tasse die Hefe zerkleinern und mit ein wenig warmer Milch zu einem streichfähigen Brei verrühren. Mit dem Backpinsel die Peeling-Maske auf Gesicht und Hals auftragen. Sobald die Maske trocken und erstarrt ist, vorsichtig mit den Fingerspitzen abreiben, ohne dabei die Haut zu zerren. Abschließend gründlich mit lauwarmem Wasser nachspülen.

Die Peeling-Maske wirkt reinigend und durchblutungssteigernd auf die Haut. Peeling mit Hefe ist ein einfaches, natürliches und hautfreundliches Mittel, um auf sanfte Weise abzuschilfern. Bei großen Poren, bei leicht schuppender und bei trockener Haut kann man die Peeling-Auflage gut gebrauchen.

Weizenmehl-Packung

Zutaten

1 Eßlöffel Weizenmehl
1 Eigelb
1 Kaffeelöffel Bienenhonig
1 Kaffeelöffel Milchpulver

Alle Zutaten in einer Tasse verrühren. Nun langsam etwas heißes Wasser hinzufügen und die Mischung zügig glattrühren, damit keine Klümpchen entstehen.

Der gut streichfähige Brei wird mit dem Backpinsel gleichmäßig auf das gründlich gereinigte Gesicht aufgetragen und nach zwanzig Minuten Einwirkungszeit mit warmem Wasser abgewaschen.

Die Weizenmehl-Packung eignet sich vor allem für die großporige Haut, sie wirkt entzündungshemmend, verfeinert die Poren und klärt das Hautbild.

Quark-Honig-Packung

Zutaten

2 Eßlöffel Quark
1 Eßlöffel reiner Bienenhonig

In einer Tasse verrühren Sie den Quark mit dem leicht erwärmten Bienenhonig zu einer streichfähigen Mischung.

Mit dem Backpinsel auf Gesicht, Hals und Dekolleté auftragen und nach dreißig Minuten Einwirkungszeit lauwarm abwaschen.

Bei trockener und spröder Haut wirkt die Packung, die man beliebig oft anwenden kann, erfrischend und beruhigend.

Vitamin-E-Maske

Zutaten

1 Eigelb
2 Eßlöffel Weizenkeimöl
5 g Vitamin E

Sowohl innerlich wie äußerlich angewendet, zählt Vitamin E zu den wichtigsten Vitaminen für den alternden Menschen. Das Fruchtbarkeitsvitamin genannte Vitamin E ist in Weizenkeimöl enthalten, und so ist diese Maske eine wahre Wohltat für trockene Haut. Da es viele Formen von Vitamin E in unterschiedlicher Konzentration gibt, möchte ich hier ausnahmsweise den Handelsnamen des zu verwendenden Vitamin-E-Produkts nennen, nämlich E-Mulsin, das in 10 g 120 mg emulgiertes Vitamin-E-Acetat enthält.

Zunächst rühren Sie das Weizenkeimöl in das Eigelb, so daß eine dicke Mayonnaise entsteht. Dann unterrühren Sie 5 g des Vitamin-E-Präparates.

Nun wird die Vitamin-E-Packung mit dem Backpinsel auf Gesicht und Hals verteilt und man läßt sie dreißig Minuten einziehen. Dann wird die Maske mit viel warmem Wasser abgespült.

Sie werden bemerken, wie erfrischt, glatt und rosig ihre Haut nach der Behandlung aussieht. Die Maske kann beliebig oft angewendet werden und eignet sich vor allem für müde, trockene Haut.

Stärke-Straffungsmaske

Zutaten

2 Eßlöffel Weizenstärke
warmes Wasser

Wenn Sie keine Weizenstärke im Haus haben, verwenden Sie für die Straffungsmaske ersatzweise Reisstärke, Mais- oder Kartoffelstärke. Das jeweilige Stärkepulver in eine Tasse geben und tropfenweise warmes Wasser hinzurühren. Glatt-rühren, bis eine gut streichfähige Paste entstanden ist.

Mit einem breiten Pinsel die Paste auf dem Gesicht vertei-len. Nach etwa zwanzig Minuten Einwirkungszeit ist die Paste auf der Haut erstarrt. Mit einer feuchtwarmen Kompresse aufweichen und mit warmem Wasser abwaschen.

Gesichtsmasken mit Stärke wirken stark porenverengend, durchblutungssteigernd und straffend, aber auch austrock-nend. Deshalb wenden wir diese Maske nur selten an, etwa wenn man für einen bestimmten Anlaß besonders frisch aus-sehen möchten. Wer unter Rosacea zu leiden hat, sollte die Stärke-Straffungsmaske nicht gebrauchen.

Eiweiß-Maske

Zutaten

1 Eiweiß
1 Kaffeelöffel süßer Rahm

Das Eiweiß zu Schnee schlagen und den Rahm unterrühren.

Die Mischung mit dem Pinsel auftragen und etwa zwanzig Minuten einwirken lassen. Dann mit viel warmem Wasser ab-waschen.

Diese angenehme Straffungsmaske wird von trockener Haut ebensogut vertragen wie von fetter Haut. Sie ist schnell zubereitet und eignet sich als Erfrischungsmaske gegen müdes Aussehen.

Schwedische Eisbehandlung

Zutaten

Saft einer Zitrone
1/2 l Mineralwasser

In Schweden ist die Kaltwasserbehandlung der Haut sehr beliebt, und sie beschränkt sich nicht nur auf erfrischende Kaltwasserwaschungen der Haut. Für dieses Rezept der Eisbehandlung stellt man im Gefrierfach des Kühlschranks Eiswürfel aus dem Gemisch von Zitronensaft und Mineralwasser her. Da es nicht einfach ist, die Eiswürfel lange in der Hand zu halten und geschickt mit ihnen umzugehen, legt man in den Eiswürfelbehälter – in jedes einzelne Würfelfach – entweder Holzzahnstocher oder sogenannte Cocktailsticks, damit man die Eiswürfel dann halten kann.

Nun nehmen Sie in jede Hand einen Eiswürfel und klopfen das Gesicht leicht damit ab. Am Kinn beginnen und über die Wangen und die Schläfen bis hin zur Stirn sachte klopfen. Anschließend die Partie um die Augen und die Nase ebenso behandeln. Als nächstes folgt das Pressen. Hierbei drücken Sie die Eiswürfel fest auf bestimmte Falten, etwa die senkrechten Lachfalten zwischen Nasenflügel und Mund, auf die Fältchen unter den Augen, auf senkrechte und waagrechte Stirnfalten. In Schweden bezeichnet man dieses Pressen als kaltes Bügeln.

Die Eisbehandlung ist ein sehr empfehlenswertes Rezept gegen müde und schlaffe Haut. Es erfrischt und durchblutet und gibt der Haut ein straffes, rosiges Aussehen. Wer unter Rosacea zu leiden hat, sollte bei der Behandlung die empfindlichen Stellen der Wangen beim Klopfen aussparen und sich mehr auf das Pressen konzentrieren.

Das Gesichtsdampfbad

Schwitzen ist eines der erfolgreichsten Schönheitsmittel,
wenn wir eine rosige, frische und gut durchblutete Haut
haben wollen. Und es ist auch eine wirksame vorbeugende
Maßnahme gegen frühzeitiges Altern. Die kräftige Durchblutung trägt dazu bei, das Gewebe zu festigen und die Muskulatur zu stärken. Nehmen Sie deshalb alle guten Gelegen-
heiten wahr, die Haut zum Schwitzen zu bringen, beim Spa-
zierengehen, beim Sport, dem Dampfbad und im Badezim-
mer. Einmal in der Woche sollten Sie ein Gesichtsdampfbad
machen, um Ihre Haut gründlich zu reinigen und die Durchblutung anzuregen. Je nach Hautbeschaffenheit bestimmen
Sie selbst den Hitzegrad und die Zeitdauer für das Dampfbad.

Normale Haut: fünf Minuten – heiß.
Trockene Haut: zwei bis drei Minuten – feuchtwarm.
Mischhaut: etwa drei bis fünf Minuten – feuchtwarm.
Bei Rosacea: drei Minuten – feuchtwarm.

Setzen Sie Ihrem Gesichtsdampfbad eine Handvoll Kräuter
zu, Sie erreichen damit auch eine heilende Wirkung für die
Haut und für die Atemwege, für die Schleimhäute, für Hals
und Rachen. Zu den beruhigenden und durchblutungsför-
dernden Pflanzen gehören Fenchelwurzel, Johanniskraut,
Kamillenblüten, Lindenblüten, Melisse, Petersilie, Rosenblü-
ten, Weißdorn. Alle getrockneten Pflanzenteile gibt es in der

Apotheke oder in Kräuterhandlungen. Überbrühen Sie die Kräuter mit kochendheißem Wasser. Die Pflanzen dürfen nie gekocht werden, da sie sonst wertvolle Wirkstoffe verlieren. Nun beugen Sie das Gesicht tief über den dampfenden Topf und breiten zeltartig ein Frotteetuch über Kopf und Topf aus, damit kein Dampf entweichen kann. Unter dieser Gesichtssauna schwitzt man die angegebene Zeit und tupft anschließend das Gesicht mit einem weichen Tuch ab. Um die Poren zu schließen, wird die Haut mit Gesichtswasser nachgereinigt.

Ungemein erfrischend ist auch die schwedische Eisbehandlung im Anschluß an das Gesichtsdampfbad. Wie jede Saunabesucherin weiß, ist der kalte Guß nach der Sauna der größte Genuß am Saunabesuch, und ebenso ist es die Eisanwendung nach der Hitze der Gesichtssauna. Bei Rosacea sollten Sie den schnellen Wechsel von Hitze zu Kälte allerdings nicht vornehmen.

Hydrophiles Waschöl

Zutaten

60 g Weizenkeimöl
30 g süßes Mandelöl
10 g Tween 80 (1 ½ Kaffeelöffel)

Zubereitung: Naturreines Weizenkeimöl und süßes Mandelöl gibt es in der Apotheke, wo auch der Emulgator Tween 80 erhältlich ist. Alle Flüssigkeiten miteinander vermischen und gründlich durchschütteln. In eine Flasche abfüllen.

Anwendung und Wirkung: Weizenkeimöl riecht sehr angenehm, ein wenig nußartig und nach frischem Weizen. In Verbindung mit süßem Mandelöl wird die Ölmischung leicht verstreichbar. Man verteilt das Öl über Gesicht und Hals.

Nun mit nassen Händen das Öl leicht einmassieren, wobei es voremulgiert. Dann mit viel warmem Wasser abwaschen, die Haut mit Gesichtswasser nachreinigen.

Zur Entfernung von öl- und wasserlöslichem Schmutz auf der Haut ist das Waschöl ideal. Bedingt durch die Beifügung des Emulgators ist es gut wasserlöslich und bleibt nicht klebrig auf der Haut stehen, auch hat es nicht die radikale Entfettungswirkung der im Handel angebotenen Reinigungsmilchen und enthält keine hautreizenden Zusätze.

Zur Entfernung von Augen-Make-up:
Süßes Mandelöl

Augenschminke ist fettlöslich und wird deshalb am gründlichsten mit Öl entfernt. Wer sehr empfindliche Augen hat, sollte dazu süßes Mandelöl verwenden, das reizlos von der Bindehaut der Augen vertragen wird. Das ist seit Jahrhunderten bekannt, und es waren keine Tierversuche nötig, um das festzustellen!

Eine kleine Mullkompresse wird mit ein wenig süßem Mandelöl befeuchtet. Nun drückt man die Kompresse einen Moment sanft auf das geschlossene Auge, damit das Öl sich mit der Augenschminke verbinden kann. Danach vorsichtig abreiben und anschließend die Haut mit hydrophilem Reinigungsöl waschen.

Abschminke

Zutaten

5 g weißes Wachs
20 g Lanolin anhydrid (2 gehäufte Kaffeelöffel)
5 g Kakaobutter
40 g Sonnenblumenöl
40 g Orangenblütenwasser

Zubereitung: Auf dem kochenden Wasserbad zuerst das weiße Wachs schmelzen. Nun Lanolin und Kakaobutter zugeben. Sobald auch diese Zutaten geschmolzen sind, das Sonnenblumenöl zugeben und alles auf 60 Grad erwärmen. Inzwischen in einem feuerfesten Porzellantöpfchen auch das Orangenblütenwasser zugeben und mit dem Handrührmixer auf kleinster Stufe rühren. Sobald die Creme kaltgerührt ist in Cremetöpfchen abfüllen.

Anwendung und Wirkung: Als öllösliche Abschminke ist diese Creme gedacht. Sie wird dünn auf Gesicht und Hals aufgetragen, kurz einziehen lassen, und mit einem weichen Papiertüchlein abnehmen. Anschließend wird das Gesicht mit reichlich warmem Wasser gewaschen und die Haut mit saurem Gesichtswasser nachgereinigt. Auch mit einer milden Seife können Sie nun das Gesicht waschen.

Weizenkleie-Waschung

Zutaten

1 Tasse Weizenkleie
1/2 Tasse Weizenmehl
1 Tasse Trockenmilchpulver

Zubereitung: Im Reformhaus erhalten wir alle Zutaten für die Weizenkleie-Waschung: Die Zutaten werden in einer Schüssel vermischt und in ein gut verschließbares Gefäß in das keine Feuchtigkeit eindringen kann, gefüllt.

Anwendung und Wirkung: Die Weizenkleie-Waschung bewirkt ein sanftes Peeling der Haut, durch welches abgestorbene Hornzellen abgetragen und die Poren geöffnet und gereinigt werden. Es empfiehlt sich, die Waschung einmal in der Woche vorzunehmen. Zuerst wird das Haar zurückgebunden und das Gesicht mit hydrophilem Waschöl gereinigt, um alle fettlöslichen Schmutzteilchen von der Haut zu entfernen. Dann rührt man ein wenig von der Mischung mit warmem Wasser an und massiert das Gesicht sanft damit ab, ohne die Haut zu reiben oder zu zerren. Die Massage sollte einige Minuten lang durchgeführt werden. Anschließend wird das Gesicht mit viel warmem Wasser gründlich abgespült. Nach der Behandlung mit der Weizenkleie-Waschung ist die Haut gut durchblutet und erfrischt und fühlt sich samtweich und zart an.

Gesichtswasser und Lotionen

Milde Honiglotion

Zutaten

5 g reiner Bienenhonig (zirka ½ Kaffeelöffel)
100 g Rosenwasser
50 g Orangenblütenwasser

Zubereitung: Zuerst muß der Bienenhonig aufgelöst werden. Nehmen Sie etwa die Hälfte des Rosenwassers, erwärmen Sie es leicht in einem Töpfchen, geben Sie den Bienenhonig dazu und verrühren ihn, bis er zur Gänze aufgelöst ist. Die Mischung abkühlen lassen und alle Flüssigkeit miteinander vermischen. In eine Glasflasche abfüllen.

Anwendung und Wirkung: Das herrlich nach Honig und Rosen duftende Gesichtswasser ist besonders mild und eignet sich vor allem zur Pflege von sehr empfindlicher Haut. Honig gehört zu den besten Heilmitteln der Natur, und innerlich und äußerlich angewendet, wirkt er reizlindernd, glättend und heilend. Nach jeder Gesichtsreinigung sollte man die Haut mit der Honiglotion zart abtupfen.

Erfrischendes Ringelblumenwasser

Zutaten

100 g Hamameliswasser
50 g Orangenblütenwasser
30 g Ringelblumentinktur

Zubereitung: Alle Zutaten für das erfrischende Ringelblumen-wasser gibt es in der Apotheke, die Ringelblumentinktur führt man dort unter der lateinischen Bezeichnung *Tinctura Calendulae;* in der Apotheke können Sie sich auch die Mi-schung gleich in eine dunkle Apothekerflasche zusammen-gießen lassen.

Anwendung und Wirkung: Neben der sanft abstringierenden Wirkung des Hamameliswassers ist die verfeinernde, klärende und heilende Wirkung der Calendula-Tinktur her-vorzuheben. So eignet sich das Gesichtswasser ganz beson-ders zur Pflege großporiger Haut. Die regelmäßige Anwen-dung klärt das Hautbild, beruhigt und erfrischt die Haut.

Kamillen-Gesichtswasser

Zutaten

100 g Hamameliswasser
50 g Rosenwasser
20 g Kamillentinktur

Zubereitung: Die Zubereitung des Kamillen-Gesichtswassers ist ganz einfach. Alle Zutaten aus der Apotheke werden in einer Flasche vermischt und kräftig durchgeschüttelt.

Anwendung und Wirkung: Bei diesem Gesichtswasser stehen die heilenden krampflösenden Wirkstoffe im Vordergrund der Behandlung. Das Gesichtswasser wirkt wunderbar be-ruhigend und erfrischend auf die nervöse, trockene und empfindliche Haut. Nach jeder Gesichtsreinigung wird ein Wattebausch mit dem milden Gesichtswasser befeuchtet und die Haut leicht damit abgerieben. Die idealen pH-Werte ver-helfen nach der Gesichtswäsche zu einer raschen Regenera-tion des natürlichen Hautsäuremantels.

Rezepte für Hautcremes

Wenn man die Werbeslogans der Kosmetikindustrie liest, wird man feststellen, daß die zugkräftige Devise für die Frau ab vierzig fast immer lautet: »Die alternde Haut braucht mehr.« Das ist richtig. Die alternde Haut verliert Elastizität, das Bindegewebe und die Muskulatur werden schwächer, der Zellstoffwechsel der Haut verlangsamt sich, die Haut produziert langsamer und weniger Fett und Feuchtigkeit. Hinzu kommt bei manchen Frauen noch die Beschleunigung des Alterungsprozesses durch unkluge Lebensweise, etwa durch übermäßiges Sonnen, durch falsche Ernährung, durch mangelnde Bewegung und übermäßigen Konsum von Alkohol und Zigaretten, durch mangelnden Schlaf und eine hektische Lebensführung. Wenn man also davon spricht, daß die Haut ab vierzig mehr braucht, dann braucht sie bestimmt nicht eine noch teurere Hautcreme. Sie braucht in erster Linie körperliche und geistige Aktivität sowie gute Kenntnisse über Bewegung und Ernährung, über sinnvolle Schönheitspflege und kluge Lebensführung. Mit der Propagierung von geistiger Aktivität ist allerdings kein Geld zu verdienen, und so werden wir auch keine entsprechenden Anzeichen in den Frauenzeitschriften entdecken. Jede Frau ab vierzig ist sich darüber im klaren, daß sie für ihr Aussehen mehr Eigenverantwortung braucht als früher, und vielleicht veranlaßt dieses Wissen die Bequemen, sich statt gesteigerter Aktivität teurere Hautcremes zuzulegen in der Hoffnung, mühelos die Jugend aus der Cremedose zu erlangen.

Die Angst vor dem Alter wird von der Industrie dazu

benützt, allerlei Stoffe als jugendfördernd zu propagieren. Da gibt es rätselhafte ABC-Formeln, welche die Zellneubildung der Haut anregen sollen. Jeder aufgeklärte Mensch müßte eigentlich wissen, daß die Erneuerung der Zellen im Inneren der Haut zustande kommt und die Anregung für den Zellstoffwechsel durch körperliche Bewegung, durch Sauerstoff und Schwitzen und natürliche Ernährung entsteht. Andere Ingredienzen von Hautcremes versprechen sichtbare Faltenfreiheit. Hier handelt es sich meist um Cremes, welche durch die Beifügung von Quellmitteln wie etwa Kollagen und Lipoide die Haut vorübergehend aufquellen lassen, so daß der scheinbare Eindruck von Faltenlosigkeit entsteht. Jedoch stellt die kurzfristige Hautquellung keine Hautpflege dar, und die ständige Dehnung der Poren bewirkt keine grundlegende Verbesserung des Hautbildes. Eine andere Devise lautet, daß die alternde Haut mehr Feuchtigkeit braucht, weil sie weniger Feuchtigkeit produziert. Diese Devise ist zwar richtig, jedoch sind die dazu empfohlenen kosmetischen Mittel meistens ungeeignet. Die sogenannten Feuchtigkeitsspender sind Öl-in-Wasser-Emulsionen, die bis zu neunzig Prozent aus Wasser bestehen können. Im Grunde müßte jede Frau mit untrüglichem Instinkt spüren, daß Wasser auf der Haut verdunstet und eher Austrocknung bewirkt, als Feuchtigkeit hinterläßt. Man stelle sich doch nur einmal vor, wie es ist, wenn wir mit nassen Händen an die frische Luft gehen. Recht bald müßte man schon Fettcreme verwenden, um die rauhen Hände wieder zu glätten. Nach Ansicht vieler Dermatologen tragen die Feuchtigkeitsspender Schuld am chronischen Austrocknen der Haut, und die vielen Klagen über zu trockene und empfindliche Haut beruhen ihrer Meinung nach auf der jahrelangen Verwendung von wasserbasierten Emulsionen. Hinzu kommt, daß die Öl-in-Wasser-Emulsionen stark konserviert werden, wodurch sie die gesunde Standflora der Haut angreifen und die natürlichen biologischen Vorgänge auf der Haut stören. Die Gesetzgebung schreibt der Kosmetikindustrie allerdings vor, Cremes für die Dauer von mehreren Jahren haltbar zu machen, es sei denn, die Kosmetika sind mit einem begrenzten Haltbarkeitsdatum ausgezeichnet. So ergibt sich zwangsläufig eine übermäßige Konservierung, denn schon allein Wasser für drei Jahre haltbar zu machen, erfordert ein Übermaß an Konservierung. Diese dient zwar der Haltbarmachung der Hautcreme, nicht aber der Haut.

In der Hornschicht der Haut sind zur Regelung des Wasserhaushalts Substanzen eingelagert, welche die Fähigkeit besitzen, das der Haut zugeführte Wasser, sei es nun aus dem Körperinnern, aus der Atmosphäre oder aus kosmetischen Mitteln, zu binden und dort einige Zeit zu lagern. Da diese Substanzen, die vom eigenen Hautfettfilm geschützt sind, nicht nur Wasser binden, sondern auch selbst wasserlöslich sind, werden sie beim Verdunsten der wasserbasierten Creme gelöst. Es verbindet sich Wasser mit Wasser, und durch die Lufttrockenheit findet eine rasche Verdunstung statt. In der Dermatologie gilt deshalb als der »wahre Feuchtigkeitsspender« die Fettcreme, die Wasser-in-Öl-Emulsion, die man als Deckcreme bezeichnet. Die Deckcreme gibt nach dem Einreiben die in ihr enthaltene Feuchtigkeit an die Hornschicht ab, während sich das Fett an der Oberfläche der Haut sammelt und verhindert, daß die Feuchtigkeit nach außen treten kann.

Wenn nun die Fettcreme aus wertvollsten natürlichen Rohstoffen und nicht aus billigen Mineralfetten, wie sie von der Industrie häufig verwendet werden, besteht, dann wird sie von der Haut rasch aufgenommen. Wenn Sie die Creme fein auf der Haut verteilen, werden Sie nie über eine glänzende Fettschicht zu klagen haben. Denn die natürlichen Fette und Öle sind organisch, sie sind dem natürlichen Hautfett ähnlich und verbinden sich schnell mit ihm auf der

Haut. So besteht meine beste Empfehlung für die Hautpflege darin, sich entweder selbst frische oder biologisch
wertvolle Cremes zu rühren oder in der Apotheke rühren zu
lassen. Ihre Haut wird auf die Anwendung einer völlig natur-
reinen Creme hervorragend reagieren.

Und noch einige praktische Hinweise

Bereiten Sie jeweils nur eine Creme zu, die Sie für die Hautpflege als Tages- und als Nachtcreme verwenden. Kühl ge-
lagert wird Ihre Hautcreme etwa vier Wochen haltbar sein.

Wiegen Sie die angegebenen Zutaten auf der Briefwaage.
Öle und Wässer werden gewogen, indem man ein kleines
Gefäß auf die Briefwaage stellt, das Gewicht abliest und das
Gewicht der eingefüllten Flüssigkeit addiert.

Die beiden Rührbesen des Handrührmixers werden in das
kochende Wasserbad gelegt und mindestens zehn Minuten
abgekocht, bis sie steril sind. Auch Cremedosen sollten nicht
nur sauber, sondern steril sein. Es empfiehlt sich, sie kurz
vor dem Einfüllen der Creme mit Alkohol auszureiben.

Weizenkeim-Creme

Zutaten

5 g Bienenwachs
5 g Kakaobutter
10 g Lanolin anhydrid (1 gehäufter Kaffeelöffel)
40 g Weizenkeimöl
40 g Hamameliswasser
5 Tropfen Melissenöl

Zubereitung: Auf dem kochenden Wasserbad die ersten drei
Zutaten schmelzen. Dann das Weizenkeimöl hinzufügen und

die Mischung auf 60 Grad erwärmen. In einem kleinen Töpfchen das Hamameliswasser auf die gleiche Temperatur bringen. Nun die Fettschmelze vom Feuer nehmen, das erwärmte Hamameliswasser dazugeben und mit dem elektrischen Handrührmixer auf kleinster Stufe rühren. Sobald die Creme etwas abgekühlt ist, das Parfümöl einträufeln und weiterrühren, bis die Creme erkaltet ist. In Cremetöpfchen abfüllen.

Anwendung und Wirkung: Weizenkeimöl mit seinem hohen Gehalt an Vitamin E ist der wichtigste Inhaltsstoff einer wunderbar beruhigenden und sehr angenehm verstreichbaren Hautcreme. Dünn aufgetragen, eignet sie sich als Tages- und als Nachtcreme bei trockener, sensibler Haut.

Regenerationscreme

Zutaten

5 g weißes Wachs
10 g Lanolin anhydrid (1 gehäufter Kaffeelöffel)
10 g Jojobaöl
10 g Avocadoöl
10 g süßes Mandelöl
¼ Kaffeelöffel reiner Bienenhonig
40 g Rosenwasser

Zubereitung: Die ersten zwei Zutaten auf dem kochenden Wasserbad schmelzen, dann die drei Öle und den Bienenhonig hinzufügen und alles auf 60 Grad erwärmen. In einem kleinen Töpfchen das Rosenwasser ebenfalls auf 60 Grad erwärmen. Die Fettschmelze vom Feuer nehmen, das Rosenwasser hinzufügen und mit dem elektrischen Handrührmixer auf kleinster Stufe langsam kaltrühren.

Anwendung und Wirkung: In dieser Creme sind alle biologisch wertvollen, hautfreundlichen Öle vereint. Die geschmeidige Regenerationscreme sollten Sie anwenden, wenn Ihre Haut trocken und müde ist. Massieren Sie nur wenig Creme in die Haut ein. Begehen Sie nicht den Fehler, mit einer dicken Cremeschicht im Gesicht am Abend zu Bett zu gehen und zu glauben, daß die Creme über Nacht die Haut »ernährt«. Eine dicke Auflage würde vielmehr die Hautatmung behindern; wenn Sie überhaupt Nachtcreme wollen, dann nur eine hauchfeine Auflage. Außerdem gibt es noch die Möglichkeit, die Creme als Packung anzuwenden. Verteilen Sie reichlich Regenerationscreme im Gesicht und nehmen Sie nach etwa einer halben Stunde Einwirkungszeit mit einem weichen Tüchlein die Auflage wieder ab. Diese Kur eignet sich besonders für spröde und trockene Haut, die sich nach der Behandlung gesättigt und glatt anfühlt.

Jojoba-Creme

Zutaten

30 g Jojobalöl
10 g Lanolin anhydrid (1 gehäufter Kaffeelöffel)
3 g Bienenwachs
40 g Orangenblütenwasser
3 Tropfen Orangenblütenöl

Zubereitung: Das Jojobaöl wird aus der Wüstenpflanze Jojoba gewonnen, und es gehört zu den wertvollsten Ölen in der Naturkosmetik. Ich entdeckte dieses Öl vor Jahren in den Vereinigten Staaten, und jede Frau, die sich dort mit Naturkosmetik beschäftigt, schwört auf seine guten Eigenschaften. Ich nahm damals eine Flasche Jojobaöl mit nach Hause und probierte die ersten Cremes damit. Ich war begeistert von der hervorragenden Emulgierungsfähigkeit des Öls, und auch Sie werden feststellen, daß die Jojoba-Creme besonders heilwirksam ist. Sie läßt sich fein verteilen und wird von der Haut sehr gut aufgenommen.

Schmelzen Sie zuerst Lanolin und Bienenwachs auf dem kochenden Wasserbad. Dann das Jojobaöl hinzufügen und alles auf 60 Grad erwärmen. Daneben das Orangenblütenwasser auf 60 Grad erwärmen. Nun das Orangenblütenwasser in die Fettschmelze schütten und mit dem elektrischen Handrührmixer auf kleinster Stufe rühren. Bevor die Creme erkaltet, parfümieren. Dann kaltrühren und in Cremetöpfchen abfüllen.

Anwendung und Wirkung: Die wohltuende Jojoba-Creme gehört zu den empfehlenswertesten Rezepten für trockene und müde Haut. Sie wird von der Haut sehr gut vertragen, macht die Haut weich und zart und ist auch als Massagecreme sehr angenehm.

Sesamöl-Creme

Zutaten

20 g Lanolin anhydrid (2 Kaffeelöffel)
3 g Bienenwachs
3 g Kakaobutter
30 g Sesamöl
40 g Rosenwasser

Zubereitung: Die ersten drei Zutaten auf dem kochenden Wasserbad schmelzen. Dann das Sesamöl hinzufügen und alles auf 60 Grad erwärmen. In einem Extratöpfchen das Rosenwasser auf 60 Grad erwärmen. Das Rosenwasser in die Fettschmelze schütten und mit dem elektrischen Handrührmixer auf kleinster Stufe kaltrühren. In Cremetöpfchen abfüllen.

Anwendung und Wirkung: Im Sesamöl sind natürliche Lichtschutzfaktoren enthalten. Aus diesem Grund kann man die Sesamöl-Creme ganz ausgezeichnet als Hautschutz für den Sport gebrauchen, etwa beim Skilaufen, beim Bergsteigen oder als Hautschutzcreme beim Schwimmen in Salzwasser. Diese pflegende Creme hält Ihre Haut weich und geschmeidig und kann auch als Massagecreme für den ganzen Körper verwendet werden.

Schminken
oder die Kunst der Vereinfachung

Der italienische Visagist Pablo Manzoni sagt: »Mein wichtigster Rat für das Schminken ab vierzig heißt: Sehen Sie niemals *lächerlich* aus. Und das bedeutet, schminken Sie sich nicht jünger, als Sie sind. Mit vierzig ist eine Frau in ihren besten Jahren. Erst nach fünfzig kommt ein großer Wendepunkt, physisch und geistig. Mit fünfzig heißt das Schlüsselwort Neuorientierung. Oft sieht man Frauen, die in den routinehaften Regeln ihrer Schminkkunst festgefahren sind, und sie wirken auf mich, als hätten sie ihr Aussehen seit einem Jahrzehnt tiefgefroren.« Ein anderer Visagist, Oliver Echaudmaison, faßt die wichtigste Regel der Schminkkunst für die Frau ab vierzig mit folgenden Worten zusammen: »Es muß ein Gesicht darunter sein. Sonst ist Schminke nur Maske.«

Die Frage nach der Persönlichkeit, nach dem eigenen Stil, nach der Individualität will bei allen Schönheitsfragen der Frau ab vierzig beantwortet werden. Ob Sie sich mit Mode beschäftigen, über Haarfrisuren nachdenken oder über Körperbewegung, immer wieder tauchen die gleichen Forderungen auf. Bis zur Erreichung des vierzigsten Lebensjahres war die Zeit Individualität zu entfalten, und nach vierzig wird unter Beweis gestellt, was die Summe der Lebenserfahrung ausmacht. Wenn Echaudmaison sagt, es müsse ein Gesicht unter der Schminke vorhanden sein, dann bedeutet das letztlich, daß die persönliche Aussagekraft des Gesichts da sein muß, und sie sollte stärker sein als die Schminke. Wenn wir mit dreißig durch raffiniertes Make-up noch unterschiedlichen Ausdruck in ein Gesicht schminken, so sollen wir mit vierzig zuerst das Gesicht sehen und dann den persönlichen Ausdruck mit Schminke nur noch unterstreichen. Mit den Jahren wird die Technik des Schminkens allerdings nicht einfacher. Wir sollten genau Bescheid wissen, welche Schminktechnik vorteilhaft ist, welche Farben, Mittel und Werkzeuge die größte Wirkung erzielen und welche Gesetze der Ästhetik beachtet werden wollen. Ich habe hier die besten Tips der Visagisten für Sie zusammengestellt.

Proportionen erkennen

Jede Frau sollte sich angewöhnen, ihr Spiegelbild aus drei verschiedenen Blickwinkeln zu betrachten. Zuerst den Blick aus der Entfernung auf die gesamte Erscheinung, um die Proportionen zu erkennen. Dann von der Taille aufwärts, um die Relation zwischen Schultern und Haarvolumen zu sehen. Erst der dritte Blick gilt dem Gesicht.

Farben auswählen

Die harmonische Abstimmung der Farben ist die wichtigste Grundvoraussetzung für das gekonnte Make-up. Welche Farben Sie wählen hängt vom Unterton Ihrer Hautfarbe ab, der entweder gelblich oder bläulich sein kann. Die Farben sollten die charakteristischen Merkmale der Eigenfarben von Haut und Haar betonen und ergänzen. Falsche Farben und modische Verfremdungen können deshalb nicht dazu beitragen ein harmonisches Gesamtbild zu schaffen.

Farben für die Haut mit deutlich blaugrundigem, kühlen Unterton

Teintgrundierung
Helles Porzellan, kühles Sandbeige, Rosébeige, Olivbeige.

Rouge
Hochrot, Pink, Fuchsia, Rubinrot, Blaurosé, alle Blaurot- und Blaurosétöne, keine Rotbraun- oder gelb-goldgrundigen Töne.

Lidfarben
BLAU: Königsblau, Marineblau, Rauchblau
GRÜN: Tannengrün, Mintgrün, Smaragdgrün
GRAU: Von Silbergrau bis Anthrazit
WEISS: Schneeweiß, Blauweiß
VIOLETT: Lila, Blauviolett
ROSÉ: Alle klaren, eisigen Rosétöne
BRAUN: Schwarzbraun, Graubraun
GELB: Eisgelb

Wimperntusche
Schwarz, Anthrazit, Königsblau, Dunkelblau, Smaragdgrün, Blauviolett

Lippenstift und Nagellack
Alle intensiven Rot-, Blaurot und Blaurosétöne sind geeignet.

Farben für die Haut mit zartbläulichem, kühlem Unterton

Teintgrundierung
An der hellen, rosigen Haut wirken zarte, kühlgrundige Teintgrundierungen schön, helles Porzellan, Sandbeige, Rosenholzbeige, Rosébeige.

Rouge
Alle kühlgrundigen, matten Rosé- und Braunrosétöne sind schön an dieser Haut mit ihren zarten Eigenfarben.

Lidfarben
BLAU: Stahlblau, Rauchblau, Himmelblau, Grünblau
GRÜN: Flaschengrün, Mint, Türkis
BRAUN: Alle stumpfen Graubrauntöne, Milchkaffeebraun, Schokoladenbraun, Graubraun.
VIOLETT: Alle zarten, matten Violettöne, Lavendel, Flieder, Mauve
ROSÉ: Altrosa, Cremerosé, Perlrosé
GRAU: Silbergrau, Beigegrau, Blaugrau, Schiefergrau

Wimperntusche
Braun, Dunkelblau, Grau, Aubergine, Blaugrün

Lippenstift und Nagellack
Alle blaugrundigen Rot- und Rosétöne, keine zu frostigen oder grellen Farben. Es eignen sich Himbeerrot, Weinrot, Kirschrot, Altrosa, zartes Pink, Braunrosé, Perlmuttertöne für den Abend.

Farben für die Haut mit gelblich warmem Unterton

Teintgrundierung
Elfenbein, Goldbeige, Braunbeige. Alle deutlich gold- und gelbgrundigen Teintgrundierungen sind schön. Verwenden Sie keine rotbraunen oder kühlgrundigen Töne.

Rouge
Alle gelb-goldgrundigen Rot- und Brauntöne, keine intensiven Farben. Es eignen sich Apricot, Pfirsich, Lachsrosé, zartes Goldbraun, zartes Orangebraun, helles Korallenrot.

Lidfarben
BLAU: Aquamarin, Wedgewoodblau, Kornblumenblau, zartes Himmelblau
GRÜN: Maigrün, Moosgrün, Laubgrün
GRAU: Silbergrau
VIOLETT: Amethyst, Veilchen, Flieder
BEIGE: Elfenbein, Lachs, Apricot, Sandelholz
BRAUN: Goldbraun, Gelbbraun, Zimtbraun, Nußbraun

Wimperntusche
Braun, Violett, Königsblau, Grau, Moosgrün

Lippenstift und Nagellack
Alle Goldbraun-, Gelbrot- und Gelbrosétöne. Es eignen sich Korallenrot, Lachs, Flamingorosé, Erdbeer, gelbliches Kupferbraun, Hellorange.

Farben für die Haut mit rötlich warmem Unterton

Teintgrundierung
Helles Goldbeige, Braunbeige, Gold- bis rötliches Dunkelbeige.

Rouge
Alle Goldbraun-, Kupfer- und Rotbrauntöne sind schön an dieser Haut. Rostbraun, Braunrot, Orangerot, Apricot, Pfirsich. Wählen Sie keine bläulich roséfarbenen Töne.

Lidfarben
BLAU: Pflaumenblau, Petrol
GRÜN: Alle Olivtöne, Stachelbeere, Moosgrün, Laubgrün
BRAUN: Alle rotgrundigen Brauntöne. Rostbraun, Zimtbraun, Kaffeebraun, Muskat

BEIGE: Alle Gold- und Rotgelbtöne, Elfenbein, Kamelhaar, Apricot, Ocker

Wimperntusche
Braun, Petro, Dunkelblau, Dunkelgrün

Lippenstift und Nagellack
Alle Goldbraun-, Kupfer-, Rost- und Orangetöne. Orangerot, Lachs, Apricot, Kupferrot, Ziegelrot, Mohnrot, Goldrot.

Vorbereitung zum Schminken

Binden Sie das Haar aus dem Gesicht, dann tritt Ihre Gesichtsform deutlich hervor. Nachdem die Haut gut gereinigt ist, verwenden Sie als Unterlage für das Make-up einen feinen Hauch Fettcreme. Tupfen Sie dann das Gesicht vor dem Schminken mit einem weichen Papiertüchlein ab, bis keine Spur von Fettcreme mehr darin zu sehen ist. Zupfen Sie die Augenbrauen in Form. Achten Sie darauf, daß Sie die Form der Brauen nicht zu präzise zupfen, sonst haben Sie starre, harte Linien. Lassen Sie einige Härchen als Übergang stehen, das läßt die Brauen weich und fedrig erscheinen.

Abdecken

Zum Schminken verwenden Sie prinzipiell einen Vergrößerungsspiegel. Sie sehen damit jede Unebenheit der Haut, braune Flecken, rote Äderchen, dunkle Ringe unter den Augen. Um diese Unregelmäßigkeiten abzudecken, verwenden wir farbige Abdeckstifte. Für rötliche Hautstellen nimmt man den hellgrünen Stift, für bräunliche Flecken den rosafarbenen Stift. Geben Sie ein wenig Farbe auf den Handrücken, nehmen Sie die Farbe mit dem Zeigefinger ab und klopfen Sie sie leicht ein. Setzen Sie den Stift niemals direkt auf die Haut, denn sonst nimmt die Haut zuviel Farbe auf, und es entstehen Ränder. Je feiner Sie die Abdeckfarbe verteilen, desto haltbarer und unauffälliger wirkt sie.

Teintgrundierung

Make-up oder Foundation bekommen Sie in flüssiger, cremiger oder kompakter Form zu kaufen. Bei fetter Haut empfiehlt sich die wasserbasierte flüssige Teintgrundierung, bei trockener Haut die fetthaltige Emulsion oder ein kompakteres Make-up, wenn es fetthaltig ist.

Gehen Sie mit der Teintgrundierung sparsam um. Falten verbergen wir nicht hinter noch mehr Make-up, sondern hinter weniger. Geben Sie etwas Teintgrundierung auf den Handrücken und nehmen Sie immer nur ein wenig davon auf ein leicht angefeuchtetes Schwämmchen. Klopfen Sie die Teintgrundierung gleichmäßig und rasch auf Hals und Gesicht. Beginnen Sie von unten nach oben, vom Hals über das Kinn, über die Wangenknochen zur Stirn. Gehen Sie geizig um mit der Teintgrundierung. Das Gesicht darf nicht glänzen und auch nicht mattiert wirken. Ausgeprägte Falten unter den Augen sollte man fast nicht mit Teintgrundierung berühren, sondern mit dem Schwämmchen nur ganz leicht darüberwischen und verlaufen lassen. Auch am Hals muß die Teintgrundierung fein verlaufen, damit keine Ränder entstehen. Nach dem Auftragen der Teintgrundierung drücken Sie ein weiches Papiertüchlein leicht auf das Gesicht, um alle überschüssigen Reste zu entfernen.

Wenn die ersten Falten da sind, sollten wir auch mit Puder sehr vorsichtig umgehen. Puder kann alt machen, er kann jede einzelne Falte deutlich zum Vorschein bringen. Kompaktpuder ist sehr ungünstig, verwenden Sie daher für das Gesicht prinzipiell losen Puder. Mit dem großen Puderpinsel wird ein feiner Hauch von Puder über das Gesicht verteilt, es muß jedoch sehr sparsam geschehen. Abschließend tupft man das Gesicht nochmals mit einem weichen Papiertüchlein ab.

Augen-Make-up

Weiche Kajalstifte sind ideal geeignet, das Auge ganz zart zu umrahmen. Ziehen Sie mit dem Stift am unteren Augenlid keinen harten, durchgehenden Strich, sondern stricheln Sie die Linie nur ganz leicht, und verwischen Sie die Strichlinien dann mit den Fingern oder einem Pinsel. Wählen Sie die Farbe des Kajalstiftes in Ihrer Augenfarbe oder einen halben Ton dunkler als Ihre Augenfarbe. So etwa sieht der dunkelblaue Stift sehr hübsch zu hellblauen Augen aus, der braune zu braunen Augen, der olivgrüne zu grünen Augen.

Bei der Auswahl des Lidschattens begehen viele Frauen grobe Fehler. Sehr ungünstig wirken perlmutterglänzender Lidschatten und glitzernder Highlighter, sie machen beide kalt und hart und passen nicht zu den ersten Falten um die Augen. Übrigens wirken sie nicht nur kalt und hart, sie sind es auch in ihrer chemischen Zusammensetzung, denn sie enthalten mehr Blei und Cadmium als andere Lidschatten. Giftige Schwermetalle können zwar auch in anderen Lidschatten enthalten sein, aber die cremigen Lidschatten sind in mehrfacher Hinsicht ungünstig. Zum einen dringt Fett schnell in die zarte Haut der Augenlider ein, und diese resorbiert damit auch die unerwünschten Begleitstoffe, und außerdem sammeln sich farbige Fettreste in den Fältchen des Augenlids, was sehr unschön aussieht. Am vorteilhaftesten in der

Anwendung und Wirkung sind pudrige Lidschatten, die weniger rasch von der Haut aufgenommen werden.

Verwenden Sie zum Auftragen des pudrigen Lidschattens einen weichen Dachshaarpinsel, einen speziellen Lidschattenpinsel. Man bekommt ihn in guten Parfümerien zu kaufen. Der Pinsel nimmt die pudrige Farbe locker auf, und ebenso locker läßt sie sich dann verteilen. Nachdem Sie die Farbe aufgenommen haben, klopfen Sie den Pinsel leicht ab, dann bleibt wirklich nur der zarte Hauch von Farbe, den Sie brauchen, auf dem Pinsel haften. Wenig geeignet für die günstigste Anwendung sind die den Farben üblicherweise beigefügten Kunststoffschwämmchen. Sie nehmen die Farbe nicht genügend fein auf und geben beim Berühren des Augenlids zuviel Farbe ab; mit den Schwämmchen läßt sich Farbe nicht gleichmäßig verteilen und wirkt fleckig und patzig.

Um dem Augen-Make-up strahlenden Glanz zu verleihen und den Blick optisch zu öffnen – was gerade für nicht mehr junge Gesichter ungemein vorteilhaft ist –, wird unterhalb der Augenbrauen im inneren Drittel, nach der Mitte verlaufend, ein wenig Highlighter aufgetragen. Nehmen Sie aus Ihrer Palette der pudrigen Lidschatten den hellsten Ton oder vermischen Sie den hellsten Ton leicht mit der Farbe des Lidschattens, den Sie für die andere Hälfte des Augenlids verwenden. Der Übergang zwischen helleren und dunkleren Farben auf dem Lid und im Brauenbogen darf nicht zu sehen sein; verwischen Sie ihn mit den Fingerspitzen, und tupfen Sie die überschüssige Farbe mit einem trockenen Schwämmchen ab.

Die Wimpern werden mit Wimperntusche, Mascara oder mit wasserlöslichem Cake getönt. Wählen Sie die Farbe, die zu Haut und Augenfarbe paßt. Nachdem die Farbe aufgetragen ist, bürsten Sie die Wimpern mit einem Wimpernbürstchen oder Kämmchen, damit sie das Auge seidig umrahmen.

Fliegenbeine machen hart und alt, und ich glaube, daß das gründliche Bürsten der Wimpern einer der erfolgreichsten Schminktips für nicht mehr junge Gesichter ist.

Auch die Augenbrauen sollen fedrig und weich wirken, jeder harte Strich, jede zu exakte Form macht hart. Bürsten Sie die Augenbrauen in Form, und falls Sie wirklich ein klein wenig Farbe auflegen wollen, dann nehmen Sie dazu einen sehr feinen Pinsel und tüpfeln Sie ein wenig Farbe aus Ihrer Lidschattenpalette zwischen die Härchen. Nun mit einem Bürstchen verwischen, damit kein Strich und keine Farbe mehr zu sehen ist.

Rougieren

Rougieren gehört zu den allerbesten Tips für gutes Schminken ab vierzig. Das Rouge verleiht dem Gesicht Frische und Lebendigkeit. Allerdings muß das Rouge sehr natürlich wirken. Visagisten empfehlen Puderrouge für fette Haut; für trockene Haut muß das Puderrouge mit zusätzlichen Fettbestandteilen angereichert sein. Daher empfiehlt sich pudriges Cremerouge, das nicht mit normalem Cremerouge verwechselt werden darf, das sehr schwierig aufzutragen ist und leicht fleckig wirkt.

Verteilen Sie ein wenig Rouge auf dem höchsten Punkt der Wangenknochen, und rougieren Sie weiter in Richtung Schläfe. Je älter man wird, desto höher soll das Rouge im Gesicht aufgetragen werden, da es sonst die Augen optisch nach unten zieht. Einen Hauch von Rouge können Sie auch an der Spitze des Haaransatzes verteilen und auf dem Kinn, das gibt dem Gesicht ein frisches Aussehen. Aber es darf nur ein Hauch sein, der verwischt werden muß, sonst wirkt das Gesicht überschminkt.

Lippenrot

Der berühmte Visagist Fleurimont sagte, daß wir uns beim Schminken entscheiden müssen, ob die Augen oder der Mund betont werden soll. Man darf nicht beides gleich stark betonen, weil das Gesicht sonst überladen wirkt. Daher sollten wir uns vor dem Spiegel genau studieren und feststellen, welche die ausdrucksvollere Hälfte des Gesichts ist. Die obere oder die untere? Durch die Betonung der ausdrucksvolleren Gesichtshälfte tritt die weniger attraktive optisch zurück.

Verwenden Sie zum Lippenschminken immer einen Lippenpinsel. So können Sie die Farbe fein verteilen, Konturen ausmalen, Farben mischen. Nehmen Sie keinen Konturenstift zum Ausmalen der Lippenform, er hinterläßt harte Linien. Bei der Auswahl von Lippenstift oder Lipgloss empfehlen die Visagisten weiche Farben, warmes Rot, Korallenrot, helles Rot bei rotgrundiger Haut, Blaurot und blaugrundige Rosétöne bei prozellanweißer und blaugrundigem Hautunterton.

Schönheit:
Das Haar

Die Zeit der sanften Farben

Haben Sie jemals einen Liebesroman gelesen, in dem der Autor nicht das Haar seiner Heldin beschrieben hätte? Ob es nun rabenschwarz, kastanienbraun oder goldblond ist, sich wie Seide anfühlt, verführerisch glänzt oder in hübschen Locken auf die Schultern fällt – schon immer gab es in der Literatur wunderschöne Beschreibungen von attraktivem Haar. Schilderungen über den unguten Effekt von verpatzten Dauerwellen, von schlecht gefärbtem oder verschnittenem Haar lesen wir kaum. Nicht einmal in Friseurzeitschriften, denn auch da gibt es nur perfekte Köpfe zu sehen.

Das Haar der Frau spielt eine Hauptrolle im Gesamtbild ihres Aussehens. Das Haar ist der Rahmen ihres Gesichts und hat Symbolwert für Vitalität, für Eros, für die Persönlichkeit und die Lebensweise. So erregt langes, gepflegtes Haar Beachtung und Bewunderung. Die wenig verlockende Sachlichkeit der allzu praktischen »Wash-and-wear«-Frisuren läßt dagegen kaum ein Gefühl der Bewunderung aufkommen; Schönheit wird fraglos von unserem ästhetischen Gefühl mehr geschätzt als Nüchternheit. Schönheit ist ein Versprechen auf Glück, Nüchternheit ein Versprechen auf Langeweile.

In unserer Gesellschaft, in der Jugend so sehr bewundert wird und Sexualität eine so große Rolle spielt, wird das natürliche Altern von Haut und Haar von vielen Frauen als das Ende ihrer Weiblichkeit empfunden. Das Haar wird dünner, es wächst nicht mehr so üppig nach und wird allmählich grau. Ein deprimierter Blick in den Spiegel und in die eigene Seelenlandschaft genügen, und schon sind voreilige Entschlüsse gefaßt, das Haar braucht eine andere Farbe und Dauerwellen, Packungen und Kuren und einen saloppen Schnitt. Jetzt erst beginnt das eigentliche Chaos mit dem bis dahin gesunden Haar, wenn Sie den Fehler begehen, das Schicksal Ihres Aussehens ganz in die Hände des Friseurs zu legen. Denn die wenigsten Friseure scheuen die Anwendung von chemischen Mitteln, sie wissen zuwenig über deren Schädlichkeit und wenden die Mittel nicht schonend an. Nur wenige stellen die Frage nach der Haarqualität an den Anfang der Behandlung. Sie testen vielmehr, was das Haar alles aushalten kann. Und wenn dann alles mögliche an Ihrem Kopf ausprobiert wurde und Sie nach einiger Zeit wieder im Salon erscheinen, weil Ihr Haar glanzlos, brüchig und ohne Elastizität ist, betrachtet der Friseur voller Besorgnis Ihr ruiniertes Haar und rät Ihnen dringend zu einer teuren Kurpackung, um den schlechten Zustand Ihres Haars zu verbessern. Aber wer hat diesen schlechten Zustand herbeigeführt?

In fremden Ländern erkennen wir die deutschen Urlauberinnen hauptsächlich an ihrem schlecht gefärbten Haar und an ihren unvorteilhaften Haarschnitten. Anläßlich einer Italienreise traf ich einmal auf einen italienischen Friseur, der lange Jahre in Deutschland gearbeitet hatte. Wir unterhielten uns über die Frage, warum die Haarqualität der Italienerinnen soviel besser ist als die der deutschen Frauen. Und nun bekam ich von Nino ein Klagelied über die Geschmacksunsicherheiten der deutschen Friseurkundin zu hören, die dazu führen, die Haarqualität nicht zu verbessern, sondern eher zu ruinieren. Friseur Nino meinte, die deutsche Durchschnittskundin stelle zwar Ansprüche, aber sie stelle falsche, unrealistische Ansprüche an ihr Haar; sie glaube ihrem Friseur bedingungslos und lasse alles mit ihrem Haar geschehen, insbesondere wenn sich der Friseur Stylist nennt. Die wenigsten Friseure verfügten über gut ausgebildete Coloristen, und die Durchschnittsfriseure behandelten das Haar viel zu radikal, angefangen vom Waschen über die Dauerwelle bis zur Färbung. Selbst in sogenannten Haarstudios, die für die Weiterbildung der Friseure bestimmt sind, werde das Haar viel zu aggressiv behandelt. Die wenigsten deutschen Kundinnen, so meinte Nino, blieben ihrem Frisurstil treu. Sie seien zu abhängig von Modetendenzen und entwickelten zu wenig Selbstbewußtsein für ihr Haar, eine Eigenschaft, mit der die Italienerin schon auf die Welt komme. Immerhin erzählte mir Nino noch bewundernd von einer ehemaligen deutschen Kundin, einer Dame von etwa fünfzig Jahren. Sie hatte schulterlanges Haar, das sie zu einer raffinierten Hochsteckfrisur arrangierte, wodurch ihr nicht mehr ganz üppiges Haar voll und voluminös erschien. Auch ließ sie ihr graues Haar nicht färben, sondern mit einer Blautönung spülen, was ihrem hellen Teint ein feines, transparentes Aussehen verlieh.

Wenn wir etwas verändern und auch den Friseur durch veränderte Ansprüche dazu bringen wollen, sein Wissen nicht nur aus den Werbeprospekten der Friseurbedarfsartikel zu beziehen, müssen wir den häufigsten Mißgriffen bei der Haarpflege auf den Grund gehen. Viele Frauen könnten mit der richtigen Frisur und der passenden Haarfarbe so vital und attraktiv aussehen, wie sie wirklich sind. Untersuchen wir einmal die Sünden wider die Schönheit des Haares.

Die Wahl der Haarfarbe

Haarfarben sind gute Helfer gegen ältliches Aussehen. Jedoch ist es nicht leicht, einerseits die individuell passende Haarfarbe herauszufinden und andererseits das Haar ungeschädigt durch chemische Haarfärbemittel zu verändern. Viele Frauen über vierzig sind der Meinung, eine jugendliche Haarfarbe, vor allem zur Abdeckung von grauem Haar, sei ein ideales Mittel, um jugendlicher auszusehen. Sie vergessen dabei die Gesetze des Maßhaltens. Denn das aufregende Platinblond, mit dem sie als Zwanzigjährige noch jedes Männerherz im Sturm eroberten, paßt weder zum Teint noch zu den Falten einer Vierzigjährigen. Ähnlich verhält es sich mit allen anderen intensiven Farben wie Rabenschwarz, Tizianrot oder Rotweinrot. Wer will schon aussehen wie der Schatten seiner längst vergangenen Jugend? Also Hände weg von Farben, die hart sind. Als Kontrast passen sie nur zu jungen Gesichtern. Manche Frauen glauben, sich mit einer auffallenden Haarfarbe eine neue Persönlichkeit zulegen zu können. Dunkelhaarige färben ihr Haar platinblond, Aschblonde lassen ihr Haar tizianrot färben, Braunhaarige wollen blond werden. Diese radikalen Farbveränderungen werden niemals mit der natürlichen Farbe des Teints und der Augenfarbe übereinstimmen, die artfremde Farbe wird nie perfekte Harmonien bringen. Vielleicht entstehen durch die artifiziellen Farben überraschende Effekte, aber es gibt keine elegante Frau, die unbedingt wie eine Pop-Art-Lady aussehen will, vor allem, wenn sie nicht mehr ganz jung ist. Das Gesetz des Maßhaltens hat auch bei der Auswahl der Haarfarbe seine Gültigkeit.

Jetzt ist die Zeit der sanften Zwischentöne angebrochen, der weichen, milden Farben, die Ihre Falten optisch glätten, Ihr Gesicht zart umrahmen. Vielleicht wird der Anblick der ersten grauen Haare ein seelisches Tief bei Ihnen auslösen. Aber überlegen Sie, was die Natur will, wenn sie Ihr Haar mit hellgrauen Fäden durchzieht: Sie setzt helle Lichter und mildert damit harte Konturen. Nehmen Sie diesen Farbvorschlag der Natur an, und begehen Sie nicht den Fehler, Ihr Haar so dunkel nachzufärben, wie es früher einmal war. Wohl stehen nicht jeder Frau die naturgrauen Haarsträhnen, denn die natürliche Haarfarbe wird auf unterschiedliche

Weise grau, doch es geht darum, den grauen Nachwuchs richtig zu behandeln. Schwarzhaarige und Brünette werden stahlgrau, was sehr attraktiv aussehen kann; Blondinen tendieren zu einem weniger attraktiven Mausgrau; Rothaarige entwickeln ein verschwommenes, rostiges Grau. Unattraktives Grau aber macht alt. (Hier verhält es sich ähnlich wie mit den Falten. Es gibt gepflegte Falten und ungepflegte Falten. Die gepflegten wirken weich, die ungepflegten hart und alt.) Wir dürfen aber nicht den Fehler begehen, unattraktives Grau mit falschen Farben zu übertünchen. Das Erfolgsrezept für die optimale Veränderung besteht darin, nicht zu sehr von der natürlichen Haarfarbe abzuweichen. Denn die Farbe Ihrer Haut und Ihrer Augen paßt perfekt zur Farbe Ihres Haares; die Natur ist weiser als wir. Und deshalb wird man bei einer Veränderung der Farbe so nahe wie möglich bei den Schattierungen der Naturfarbe bleiben; die Zeit der sanften Zwischentöne verlangt daher differenziertere Kenntnisse von Ihnen, sowohl was die Auswahl der Farben als auch ihre Anwendung betrifft.

Wer die Haarfarbe nicht radikal verändert, muß auch den Nachwuchs nicht so häufig nachfärben. Das ist ein großer Vorteil beim Umgang mit chemischen Haarfarben, die man so genau dosiert anwenden sollte wie Gift. Es kann nicht oft genug darauf hingewiesen werden, daß die üblicherweise verwendeten Oxydationsfarben giftig sind und – nachgewiesene – krebserregende Substanzen enthalten, die von der Kopfhaut resorbiert werden. Amerikanische Giftexperten sind sogar der Meinung, daß chemische Haarfärbemittel höchstwahrscheinlich die Liste der gefährlichsten aller gebräuchlichen Kosmetika anführen. Die von der Kopfhaut resorbierten Stoffe gelangen in den Organismus; bei später auftretenden Krankheiten, etwa bei Leber- oder Nierenerkrankungen, werden die Haarfarben als Verursacher der Erkrankung allerdings nicht mehr erkannt. Immer wieder liest man in der amerikanischen Fachpresse über die Verbote von bestimmten Phenylenverbindungen in Oxydationsfarben. Die strenge Auszeichnungspflicht in den USA ermöglicht es dem Verbraucher immerhin, unter den giftigen Haarfarben die weniger gefährlichen auszuwählen. Vor mir liegt eine Gebrauchsanleitung und das Verpackungsmaterial chemischer Haarfarben, wie sie dem deutschen Friseur geliefert werden. Da ist weder die Rede von der chemischen Zusammensetzung des Präparats, geschweige denn von der Auszeichnung der einzelnen Inhaltsstoffe; man kann daher mit Sicherheit annehmen, daß der Friseur normalerweise nicht weiß, mit welch gefährlichen Chemikalien er die Köpfe seiner Kundinnen behandelt. Gehen wir also davon aus, daß Oxydationsfarben nicht nur schädigend für das Haar, sondern auch für die Gesundheit sind, und vergessen wir nicht, daß jede Farbe, die das Haar aufhellt, eine giftige Oxydationsfarbe ist. Wenn Sie Ihre Haarfärbemittel im Geschäft kaufen, sehen Sie sich genau die Inhaltsstoffe an, falls sie ausgezeichnet sind, und boykottieren Sie die Oxydations-Haarfärbemittel, die auf den Packungen darauf hinweisen, daß sie Phenyldiamin, Toluylendiamin und Diaminophenol enthalten.

Wenn man das Haar nicht mit natürlichen Farben färben kann, weil sie das Grau zuwenig abdecken, dann sollte man wenigstens mit chemischen Farben so sparsam wie möglich umgehen und eine Farbe wählen oder eine Art der Färbung, wie etwa Strähnchen, die seltenes Nachfärben erfordert. Schon aus diesem Grund ist eine radikale Veränderung der Haarfarbe – etwa von dunkelbraun in blond – wenig ratsam. Je ähnlicher die Farbe der Naturfarbe ist, desto weniger oft muß das Haar behandelt werden. In der Praxis heißt das: Haarfärben ist eine Kunst und sollte nur von erstklassigen Fachleuten ausgeführt werden. Besser für das Haar sind nicht-aufhellende Farben, die sich nur am Haar anlegen und nicht in die inneren Haarstrukturen eingreifen. Wer sich das

Haar selbst färbt, sollte wenigstens die schonendsten Farben kennen, nicht nur ihren chemischen Aufbau, sondern auch ihre vorteilhafteste Anwendung. So sollte man niemals die Farbe durch das ganze Haar ziehen, also das Haar vom Ansatz bis zur Spitze in der gleichen Farbe einfärben, denn das zu gleichmäßig gefärbte Haar läßt immer die unerfahrene Hand erkennen und wirkt unnatürlich. Außerdem sieht man sehr schnell den Nachwuchs und muß zu oft färben, was wiederum das Haar schädigt und sogar die Gesundheit angreift, wenn man Oxydationsfarben verwendet. Hören Sie, was ein Fachmann zu diesem Thema sagt.

Fragen an einen Coloristen
Ingo Pappalardo, Rottach-Egern

Stephanie: »In prosaischer Anlehnung an Shakespeare: ›Färben oder Nichtfärben, das ist hier die Frage?‹«
Ingo: »Solange man tönen kann, sollte man nicht färben. Alle Farben, die aufhellen, enthalten Wasserstoff und sind Oxydationsfarben, sowohl bei der Tönung wie bei der Färbung. Die Konzentration von Wasserstoff beträgt sechs bis achtzehn Prozent. Je weniger man aufhellen muß, desto besser für das Haar, denn Oxydationsfarben greifen die Substanz des Haares an.«
Stephanie: »Was halten Sie von Do-it-yourself-Tönungen aus der Tube?«
Ingo: »Die Verbraucherin wird dann irregeführt, wenn sie sogenannte Tönungen kauft, die in Wahrheit Metalloxydationsfarben sind. Noch einmal: Alles, was aufhellt, ist nicht Tönung, sondern Farbe. Was die Anwendung betrifft, so kann im Do-it-yourself-Verfahren nicht fachmännisch getönt oder gefärbt werden. Das Haar wird dabei mehr ruiniert als verschönt.«

Stephanie: »Warum?«

Ingo: »Abgesehen von der minderwertigen Qualität vieler Farben kann sich niemand selbst auf den Kopf sehen. Ein guter Colorist beobachtet die Wirkung der Farbe in jeder Minute; beim Aufhellen beispielsweise färbt er nur den Ansatz in entsprechend schwacher Lösung und pigmentiert das restliche Haar. Er stellt verschiedene Lösungen von den Farben zusammen, weil jeder Teil des Haares die Farbe anders annimmt, vor allem wenn schon einmal gefärbt wurde oder das Haar von der Sonne ausgebleicht ist.«

Stephanie: »Nennen Sie mir ein paar Todsünden, die der ungeübte Friseur beim Färben machen kann.«

Ingo: »Da ist zuerst einmal das beliebte ›Durchziehen‹ der Farbe vom Ansatz bis zur Spitze. Wenn das Haar eine neue Farbe bekommt, genügt es, die Farbe ein einziges Mal durch das ganze Haar zu ziehen. Einmal gefärbtes Haar bleibt gefärbt, es verändert sich höchstens durch den Einfluß der Sonne oder der Dauerwelle. Bei aufgehelltem Haar wird man in möglichst schwacher Lösung nur den Ansatz färben und auf das restliche Haar eine Pigmentierung auftragen. Das kann eine verdünnte Tönung oder eine stark verdünnte Farbe sein. Die Pigmentierung wendet man bei aufgehelltem Haar an, bei allen Farbnuancen von Gold, Goldrot, bei Beigenuancen und bei allem, was ins Rötliche geht. Danach kommt die Fixierung, um die Farbe haltbarer zu machen. Naturnuancen werden nicht pigmentiert, sondern ohne Oxydation getönt. Aber auch hier darf die Frage niemals durch das ganze Haar gezogen werden, sondern für den Ansatz und die Haarspitzen werden verschiedene Lösungen zusammengestellt.«

Stephanie: »Eine Frage noch zu den Strähnchen; es gibt schöne und scheußliche. Die scheußlichen sind oft zu hell gefärbt, oder sie wirken wie breite Nudeln.«

Ingo: »Die Regel für attraktive Strähnchen heißt: nur eine

Nuance heller als die Naturfarbe. Man nimmt nie mehr als fünf Haare, um ein Strähnchen einzutönen, sonst entstehen die breiten Nudeln. Für die Technik der Anwendung ist die durchsiebte Plastikmütze günstig. Durch die feinen Löcher lassen sich mit einer dünnen Häkelnadel die gewünschten wenigen Haare leicht herausziehen. Außerdem kommt keine Farbe auf die Kopfhaut.«

Stephanie: »Müssen Strähnchen immer gefärbt sein oder genügt auch tönen?«

Ingo: »Färben muß man nur, wenn aufgehellt wird, dazu sind Oxydationsfarben nötig. Getönte Strähnchen sind sehr schön für Naturtöne.«

Stephanie: »Was halten Sie von Festigern?«

Ingo: »Farbfestiger gehen an die Kopfhaut und lagern dort Farbstoffe ab. Das kann zur Verklebung der Poren und zu Haarausfall führen. Auch normaler Festiger führt durch seinen Anteil an Harzen zu einer dauernden Verschmierung der Haut und des Haares. Auf der Kopfhaut kommt es dadurch zu einer teilweisen Verhinderung der Ausscheidungen von Schweiß und Talg.«

Stephanie: »Mein Hausrezept für natürlichen Haarfestiger lautet: 1 Kaffeelöffel reiner Bienenhonig auf 1/4 Liter warmes Wasser, vermischt mit einem Spritzer Obstessig. Würden Sie das Rezept in Ihrem Salon anwenden?«

Ingo: »Ja!«

Stephanie: »Neben den Haarfarben werden die Haare am meisten von Dauerwellen geschädigt. Gibt es denn so etwas wie eine schonende Dauerwelle?«

Ingo: »Die Dauerwellen wurden in den letzten Jahren verbessert. Man muß davon ausgehen, daß keine einzige Dauerwelle ohne Alkalität entsteht, auch wenn die Bezeichnungen so blumig klingen wie Schaumdauerwelle oder Formwelle. Je weniger Alkalität die Dauerwelle enthält, desto besser für das Haar. Fast jede Firma hat jetzt die sogenannte saure Dauerwelle eingeführt, die weniger alkalisch ist als die normale Dauerwelle. Sie ist zur Zeit die haarschonendste Dauerwelle.«

Stephanie: »Wie kann man mit ihr nur leichte Formgebung für das Haar erreichen?«

Ingo: »Abgesehen von der Dauer der Einwirkungszeit, die der Friseur individuell berechnet, kommt es auch auf die Wickeltechnik an. Eine lockere Dauerwelle erreicht man mit großen Wicklern, die diametral gesetzt werden.

Meine Empfehlung: Bei chemischen Behandlungen sollte man nicht sofort jedem Friseur das Vertrauen schenken, sondern durch eine Beratung herausfinden, ob er wirklich ein Spezialist ist.«

Welche Haarfarbe ist ideal?

Für Blondinen: Eine gute Regel für Blondinen: mit jedem Jahr über fünfunddreißig einen halben Blondton dunkler. Gehen Sie weg von gelbem Blond, von Platinblond, das macht hart. Bevorzugen Sie warme Beigetöne, Aschblond mit grauen Strähnchen oder Honigblond, das sind weiche Farben, die harte Konturen im Gesicht mildern. Sehr schön sind auch honigblonde oder beige Strähnchen auf bräunlichblondem Haar. Vermeiden Sie harte blonde Strähnchen, wenn Sie über vierzig sind. Zwingen Sie Ihrem Haar keinen neuen Blondton auf, sondern suchen Sie in der Skala der weichen Zwischentöne die Farbe, die Ihrer Naturfarbe am ähnlichsten ist.

Färben und tönen mit Naturfarben: Starker Teeaufguß von Römischer Kamille hellt das Haar auf, ebenso Zitronensaft. Rhabarberwurzel ist ein gutes Rezept zum Einfärben von Strähnchen. Die pulverisierte Wurzel mit einem Spritzer Öl, Zitronensaft und warmem Wasser anrühren. Wie lange die

Farbe einwirken soll, testen Sie zuvor an einer Haarsträhne. Wenn das Haar mit Oxydationsfarben gefärbt ist, muß man sehr vorsichtig sein, denn das Haar kann durch die Tönung mit Rhabarberwurzel grünlich-gelb werden.

Für Brünette: Wenn Ihr Haar grau wird, begehen Sie nicht den Fehler, es so dunkel nachzufärben, wie es früher einmal war. Es steht Ihnen jetzt nicht mehr. Dunkles Haar wirft auch dunkle Schatten ins Gesicht und bringt damit dunkle Konturen für Falten, Augenringe und Unregelmäßigkeiten des Hautbildes. Sie können das natürliche Dunkelbraun einmal ein wenig aufhellen und auch den grauen Nachwuchs einen Ton heller einfärben als Ihre Naturfarbe. Das Deckhaar wird später nicht mehr gefärbt, sonder nur noch der graue Nachwuchs, jedoch nicht mit Oxydationsfarben, sondern mit Tönung ohne Aufhellung. Graues Haar ist frei von Farbpigmenten und nimmt Tönungen und Farbspülungen leicht an. Schön sind kastanienbraune Strähnchen auf braunem Haar, und auch hier wird der graue Nachwuchs nur noch getönt.

Färben und tönen mit Naturfarben: Spülungen mit Walnußblättertee frischen die braune Farbe auf. Walnußschalen geben intensivere Brauntöne ab. Die pulverisierten Schalen werden mit warmem Wasser zu einem Brei verrührt und auf das Haar aufgetragen. Wird das Walnußpulver mit rotfärbendem Hennapulver vermischt, ergibt es sanfte rotbraune Töne.

Für Rothaarige: Haben Sie noch immer die reine, klare, helle Haut, die Rotblonde noch attraktiver macht? Wenn nicht, dann untermischen Sie dem hellen Rot ein wenig Braun, und schwächen sie damit die harten Kontraste. Tizianrot gibt zusammen mit Braun schöne weiche Töne. Vermeiden Sie Karottenrot, jedes gelbe Rot, Rotweinrot, dunkles Mahagonirot, violettes Rot.

Färben und tönen mit Naturfarben: Hennapulver ist wenig empfehlenswert bei grauem Nachwuchs, er färbt graues Haar karottenrot. Versuchen Sie eine Mischung von Henna mit Walnußschalenpulver. Testen Sie die Mischung an einer Haarsträhne.

Für Schwarzhaarige: Adieu zu Schwarz, wenn die ersten Falten da sind. Tiefschwarz macht hart und läßt jede Linie im Gesicht noch deutlicher hervortreten. Schwarz läßt sich gut aufhellen, wenn man warmbraune Strähnchen eintönt und den grauen Nachwuchs in dunklem Braun tönt.

Färben und tönen mit Naturfarben: Versuchen Sie den grauen Nachwuchs mit Walnußschalenpulver zu tönen. Aufhellende Wirkung haben die Walnußschalen nicht, aber wenn Ihre Haarfarbe vor dem Ergrauen tiefschwarz war, wechseln Sie damit mühelos in ein dunkles, warmes Braun.

Für Grauhaarige: Die Experten sind sich darüber einig, daß es ein Grau gibt, das alt macht, und ein Grau, das chic ist. Manche Frauen haben schon in jüngeren Jahren graues Haar; es sieht sehr schön aus als Kontrast zu einem jungen Gesicht, vor allem zu brauner Haut. Mit zunehmendem Alter wirkt ein bestimmtes Grau dann allerdings nicht mehr kontrastierend, und leider nicht verjüngend. Sehr ungünstig wirkt natürliches Grau, wenn das Haar nicht glänzt und die Farbe einen verwaschenen, leblosen Eindruck macht oder wenn das Haar strohig aussieht. Silberglänzendes Haar ist vitaler und attraktiver, auch für den Teint. Es gibt sehr schöne Farbspülungen für Silber, auch mit Beimischungen von Blau oder Rosa. Denken Sie dabei bitte nicht an die rosagefärbten Köpfe amerikanischer Touristinnen. Der zarte Hauch von Rosa auf Silber kann ungemein raffiniert aussehen, aber diese Kunst sollten Sie einem ausgezeichneten

Coloristen überlassen. Graues Haar ist einfach zu tönen und deshalb auch zu vertönen, weil es keine Farbpigmente hat und jede Farbe leicht annimmt.

Färben und tönen mit Naturfarben: Malvenblüten verleihen dem Haar eine sanfte Violettfarbe. Aus den getrockneten violetten Blüten wird ein Tee bereitet und das Haar damit gespült. Auch blaue Kornblumen eignen sich gut zur Tönung, wobei der Tee aus den getrockneten Blüten bereitet wird.

Das Beste für Ihr Haar

Die Frage nach der Haarqualität steht bei allen Diskussionen über Haarfarben und Dauerwellen im Vordergrund unseres Interesses. Mit zunehmendem Alter beschäftigen uns außerdem noch Haarprobleme, von denen wir bisher nichts wußten. Das Haar wird dünner, es wächst weniger schnell, es ist nicht mehr so dicht wie früher, es wird grau, hat weniger Glanz und Spannkraft. Was nützt also die raffinierteste Farbe, wenn das Haar dünn ist, die Frisur nicht mehr hält, wenn kahle Stellen auftreten und der Haaransatz schütter wird?

Auf der ganzen Welt werden Forschungen über die Beziehung zwischen Ernährung und Haarqualität betrieben. So glaubte man früher, bei den Chinesen gäbe es nur deshalb sehr wenig Kahlköpfigkeit und fast keine Glatze, weil sie einer anderen Rasse angehören als die abendländische Bevölkerung. Aber auch die Iren sind für ihr schönes dichtes Haar berühmt. Wo war nun eine Gemeinsamkeit festzustellen? Das Schönheitsmittel liegt in der Ernährung! Es heißt: B-Vitamine, Jod und Eisen. In der chinesischen Küche kommen diese kostbaren Schönheitsspender häufig vor, in Fischen, Sojabohnen, Wurzeln, in blanchierten Gemüsen und ungeschältem Reis. Und in Irland ist das Trinkwasser reich an Jod, ebenso die Meeresfrüchte, Moose und Meeresalgen, die man auch in der Küche verwendet.

Mineralien sind für unsere Ernährung ebenso wichtig wie Vitamine. Viele nicht ausreichend informierte Leute achten bei ihrer Ernährung zwar auf ausgeglichene Vitaminzufuhr, vergessen dabei aber die Mineralien. Ihre Beachtung wäre jedoch sehr wichtig, denn in der normalen Ernährung sind Mineralien nicht so reichlich vorhanden, vor allem nicht in unserer heutigen denaturierten Nahrung.

Wer reichlich frisches Gemüse ißt und sich vielleicht noch in der glücklichen Lage befindet, die Gemüse und Salate aus dem eigenen Garten oder aus biologischem Anbau zu holen, kann seinen Bedarf an Mineralsalzen decken. Eisen, Jod und andere Mineralsalze finden sich vor allem in Brunnenkresse, grünen Erbsen, frischem Meerrettich, Bohnen, Kohl, Löwenzahnblättern sowie in Milch, Molke, Buttermilch, in Joghurt und Quark.

In der Küche sollte jodiertes Speisesalz oder Meersalz verwendet werden, auch zum Nachwürzen bei Tisch. Mineralsalze finden sich auch in natürlichem Mineralwasser. Lesen Sie aber die Aufschrift, bevor Sie sich für ein bestimmtes Wasser entscheiden, denn nicht in allen Wässern ist Jod vorhanden. Trinken Sie viel Mineralwasser, es ist nicht nur gut für Ihr Haar, es ist gut für alles. Es hält Ihren Appetit in Grenzen, regt die Zellneubildung an, es hydriert Ihre Zellen, es spült die Nieren, es ist ein natürlicher innerer Feuchtigkeitsspender für Ihre Haut, und es hat keine Kalorien. Man soll mindestens zwei Liter Flüssigkeit pro Tag trinken, das sagen nicht nur Ärzte, sondern auch Schönheitsexperten.

Eine an B-Vitaminen, Eisen und Jod reiche Kost kann das Haar wieder fest und vital machen, doch muß diese Kost konstant fortgesetzt werden, wenn man bleibende Erfolge erzielen will. Mineralien- und Vitamintabletten kann man aus der Apotheke beziehen. Aber natürlich ist es besser, Vitamine und Mineralien in ihrer biologischen Gesamtheit dem Körper zuzuführen, zusammen mit ihren Begleitstoffen wie Aminosäuren und Enzymen. Das zeigt sich besonders bei den B-Vitaminen, die in Vollweizen enthalten sind. Bestünde unser tägliches Brot heute noch aus Vollweizenmehl, wäre unser B-Vitamin-Bedarf damit zu decken. Bei der Präparierung des Mehls werden jedoch die wichtigsten Inhaltsstoffe ausgeschieden, wobei der Verlust von Vitamin B_6 fünfzig Prozent, von Vitamin B_2 siebzig Prozent und von Vitamin B_1 84 Prozent beträgt. Deshalb sollten wir wenigstens in der Küche das denaturierte Mehl durch nautrbelassenes Weizenmehl ersetzen und statt Weißbrot Vollkornbrot essen.

Der Mangel an B-Vitaminen führt übrigens nicht nur zu schütterem Haar. Er fördert auch Arterienverkalkung, Vergeßlichkeit, Nervosität, ruft Depressionen und Angstzustände hervor. Grund genug, sich in nicht nur jungen Jahren intensiv um die B-Vitamine zu kümmern. Der beste Vitaminspender ist und bleibt das volle Weizenkorn, deshalb sollten Sie täglich zum Frühstück eine Tasse gequollenen oder frisch geschroteten Weizen essen, um sich wohlzufühlen und Ihrem Haar Glanz und Fülle zu erhalten.

Tips gegen Haarprobleme

Der Verlust von mehr als hundert Haaren pro Tag ist nicht normal. Mögliche Ursachen sind neben Ernährungsmängeln fortgesetzter Streß, hormonelle Umstellungen wie Schwangerschaft, mit der Pille anfangen oder sie absetzen, Klimakterium, Folgen eine Infektionskrankheit oder die Einnahme bestimmter Medikamente.

Wer viele Haare verliert, muß chemische Haarbehandlungen unterlassen, keine Dauerwellen, keine chemischen Haarfarben, keine Haarfestiger.

Der amerikanische Schönheitsexperte und Starfriseur Waren Wood macht außer dem Mineralstoffmangel auch den Mangel an Aminosäuren für Haarausfall verantwortlich. Wissenschaftliche Forschungen bestätigen seine Annahme, daß auch die Aminosäuren für schöneres Haar sorgen. Diese werden nicht ausschließlich vom menschlichen Organismus gebildet, sondern wir nehmen sie zu großen Teilen mit der Nahrung zu uns. Aus aminosäurehaltigen Nahrungsmitteln hat Wood einen wohlschmeckenden Frühstücksdrink für schönes Haar zusammengestellt.

Zutaten

1 rohes Eigelb
1 Eßlöffel Bierhefe
2 Tassen Vollmilch
1 Eßlöffel naturreiner Bienenhonig

Alle Zutaten werden im Elektromixer vermischt und auf nüchternen Magen getrunken.

Wenn Sie nicht sicher sind, ob Ihr Haar Dauerwellen verträgt, lassen Sie das Haar testen. Schneiden Sie zehn bis zwanzig Haare ab. Binden Sie das Testhaar an den abgeschnittenen Enden fest zusammen und bitten Sie Ihren Friseur, bei der nächsten Dauerwelle in seinem Geschäft das Testhaar mitzubehandeln. Es wird aufgewickelt, mit Dauerwellenflüssigkeit und Neutralisator eingestrichen, wie bei einer normalen Behandlung. Wenn das Testhaar nach zehn Minuten Einwirkungszeit und nach dem Waschen und Trocknen kraust und splißt, sind die Chemikalien ungeeignet für Ihr Haar.

Testen sollten Sie auch jede neue Haarfarbe, damit Sie hinterher keine böse Überraschungen erleben.

Was kann man tun, wenn die Dauerwelle herauswächst? Man kann das Haar in Stufen schneiden, um optisch mehr Form und Fülle zu erhalten. Man kann das Deckhaar kürzer schneiden und an den vorderen Partien des Haares eine leichte Dauerwelle machen lassen. Bei längerem Haar müssen manchmal nur die Spitzen abgeschnitten werden, um dem Haar wieder einen besseren Fall und mehr Form zu geben.

Es sieht nicht günstig aus, wenn Strähnen von feinem, dünnem Haar ins Gesicht fallen. Stecken Sie das Haar mit hübschen Kämmen oder Spangen locker zurück, das steht nicht nur jungen Mädchen.

Spülen Sie das Haar mit natürlichen Mitteln, wenn es Farbe verliert. Für dunkles Haar verwendet man Salbeitee oder Rosmarintee, Kamillenblüten oder verdünnter Zitronensaft ist für blondes Haar geeignet. Die Teespülungen geben dem Haar nicht nur Glanz, sie wirken auch leicht festigend.

Reiben Sie die Haarspitzen mit süßem Mandelöl ein, bevor Sie in Meerwasser oder im Chlorwasser von Schwimmbädern baden. Salzkristalle wirken wie Brennglas und beschleunigen dadurch chemische Reaktionen am Haar. Chlorwasser trocknet das Haar aus. Das Öl schützt die empfindlichen Haarspitzen während des Bades ohne Badehaube; danach muß man sich ohnehin das Haar waschen.

Zuviel Sonne schadet Haar und Haut, das hat sich hoffentlich bald überall herumgesprochen. In den Bergen beispielsweise nimmt die UV-Strahlung mit der Höhe zu, insbesondere bei reflektierendem Schnee. Man rechnet mit einer Intensivierung der Strahlen pro tausend Meter Höhe um fünfundsiebzig bis hundert Prozent. Vergessen Sie beim Bergwandern und beim Schilaufen die Kopfbedeckung nicht!

Bürsten Sie das Haar täglich mit vornübergebeugtem Kopf am offenen Fenster mit einer Haarbürste aus Naturborsten. So entfernen Sie Schmutz und Staub und ersparen sich zu häufige Haarwäsche. Diese Art der Kopfmassage regt die Durchblutung der Kopfhaut an und fördert neuen Haarwuchs.

Benützen Sie keine Haarsprays. Sie verkleben nicht nur das Haar, sondern schädigen auch Ihre Atmungsorgane, wenn Sie die mit den feinen Sprayteilchen verunreinigte Luft einatmen.

Kleine Verletzungen oder schuppige und entzündliche Stellen an der Kopfhaut sollen nicht mit Haarwasser undefinierbaren Inhalts behandelt werden. Die Liste der Giftstoffe, welche die Industrie dafür verwenden darf, ist sehr lang. Betupfen Sie die erkrankten Stellen lieber mit Kamillentinktur aus der Apotheke.

Streß und langanhaltende Konfliktsituationen können Haarausfall und Schuppenbildung verursachen. Behandeln Sie nicht nur den Affekt, sondern auch die Ursache.

Gegen Schuppen: Spülen Sie das Haar nach jeder Wäsche mit Kräutertee. Brennesseltee für dunkles Haar, Kamillenblütentee für helles Haar.

Kopfwasser gegen Schuppen: Vermischen Sie 90 g Hamameliswasser mit 10 g Kamillentinktur. Dieses heilwirksame Kopfwasser gegen Schuppen und entzündliche Veränderungen an der Kopfhaut sollten Sie täglich einmassieren.

Bei fettem Haar: Bringen Sie das Haar niemals direkt mit Haarshampoo in Kontakt. Ein wenig Haarshampoo, in einem Glas Wasser verdünnt, ist weniger aggressiv entfettend für Haar und Kopfhaut.

Trockene Luft in zentralgeheizten Räumen trocknet nicht nur die Haut aus, sondern auch das Haar. Bringen Sie Wasserverdampfer an den Heizkörpern an. Wenn keine Heizkörper vorhanden sind, öffnen Sie häufig die Fenster und versprühen Sie Wasser mit einem Zerstäuber für Topfpflanzen.

Natürlich waschen
und pflegen

Haarshampoo sollte keine andere Funktion haben, als das Haar und die Kopfhaut zu reinigen. Mit jedem handelsüblichen Haarshampoo wird dieser Anspruch auch erfüllt, jedoch besteht die Schwierigkeit darin, daß nicht nur der Anspruch erfüllt wird, er wird sozusagen übererfüllt. In der Praxis heißt das, jedes handelsübliche Haarshampoo wird heutzutage auf Detergentien aufgebaut. Das sind waschaktive Substanzen, auch Tenside genannt, und vom Babyshampoo bis zum Superbeautyrinse, vom Spülmittel bis zum Autowaschmittel finden sie ihre Verwendung als Reinigungsmittel. Es gibt davon mehrere chemische Gruppen, die man in anionische, kationaktive, ampholytische und nichtiogene Typen einteilen kann. Für den Laien ist es weniger interessant, in welcher Form die Detergentien in Haarshampoo eingearbeitet werden, er ist nur interessiert, nach der Kopfwäsche sauberes und glänzendes Haar zu haben. Die Problematik der Detergentienshampoos besteht jedoch darin, daß ihre Reinigungskraft zu intensiv ist. Die Superwaschkraft der Detergentienshampoos wäscht nämlich nicht nur den Schmutz vom Haar. Durch ihre stark entfettende Wirkung greift sie auch das Sebum des Haares an. Labortests zeigen eine Entfettung des Haares von siebzig bis achtzig Prozent. Hinzu kommt, daß die Detergentien auch tiefergelegene Hautpartien und selbst die Haarfollikel entfetten können.

Beim Geschirrspülen mag diese Radikalentfettung ihre Berechtigung haben, nicht jedoch beim lebenden Gewebe. Das Sebum bildet einen natürlichen Schutzfilm um jedes einzelne Haar. Es schützt das Haar vor äußeren Einflüssen, nicht nur vor Sonne, auch vor Licht und Staub. Es gibt dem Haar Kraft und Körper. Wird das Haar zu radikal entfettet, verliert es Standkraft, es schmutzt viel schneller nach und muß häufiger gewaschen werden, außerdem fliegt es und ist unfähig, die Frisur zu halten. Das natürliche Sebum verleiht dem Haar Glanz, weshalb die Radikalentfettung auch Glanzlosigkeit und Mangel an Elastizität bewirkt. Heute bietet die Industrie dem Verbraucher Haarshampoos mit sogenannten rückfettenden Substanzen an. Wir haben das schon einmal erlebt, als die detergentienhaltigen Schaumbäder nicht nur den Schmutz von der Haut lösten, sondern auch das natürliche Hautfett angriffen. Damals wurde empfohlen, sich in Schaumbäder zu setzen, die mit nachfettenden Mitteln angereichert waren. Aber warum muß man die Haut zuerst mit aggressiven Mitteln entfernen, um sie dann mit künstlichen Mitteln wieder etwas anzufetten? Anscheinend ist die Unwissenheit vieler Verbraucher grenzenlos, sonst wären derartige ›Schönheitsmittel‹ bestimmt kein Erfolg. Ähnlich verhält es sich mit der chemischen Aggressivität der Haarshampoos, die nun das Haar von außen wieder anfetten sollen, nachdem durch die Wäsche zuviel Schaden angerichtet wurde.

Wenn Sie Ihr Haar mit Detergentienshampoo waschen, dann stellen Sie wenigstens eine Verdünnung her. Bringen Sie niemals das Shampoo in direkten Kontakt mit Ihrem Haar und Ihrer Kopfhaut. Verdünnen Sie ein wenig Detergentienshampoo in etwas warmem Wasser und waschen Sie damit das Haar. Lassen Sie sich auch beim Friseur niemals Haarshampoo direkt auf den Kopf schütten, es ist immer zu aggressiv, auch wenn Ihnen der Friseur etwas von Kurshampoo erzählt. Das Haar zu stark zu entfetten, ist niemals eine Haarkur, und die blumige Industriesprache darf Sie nicht in die Irre führen.

Um die Aggressivität der Detergentien etwas abzuschwächen, kleidet man sie neuerdings in geleeartige Stoffe ein. Diese Gelatine haben schon einen Vorteil gegenüber den üblichen Shampoos, denn durch das sogenannte Einschmelzen der aggressiven Mittel in weniger spreitende Stoffe wird eine Schwächung der Aggressivität erzielt. Trotzdem sind die Haarshampoos noch immer stark entfettend und gehören mit Wasser verdünnt.

Bevor uns die industrielle Fertigung von Kosmetika die Detergentien bescherte, haben sich die Leute auch das Haar gewaschen, und das Haar der Frauen war schön und glänzend, dafür gibt es genügend historische Dokumente. Das klassische Haarshampoo vor der Detergentienära basierte auf weißer Schmierseife, mit der man vorzügliche Haarshampoos herstellen kann. Bei der Haarwäsche mit seifenbasiertem Haarshampoo wird das Haar nur sehr wenig entfettet und trotzdem gründlich gereinigt. Ein »Muß« bei der Anwendung ist jedoch die saure Spülung mit verdünntem Obstessig oder Zitronensaft nach der Haarwäsche. Dadurch werden nicht nur Kalkrückstände im Haar entfernt, die saure Spülung regeneriert auch den natürlichen Säuremantel von Haar und Kopfhaut.

Duftendes Seifenshampoo

Zutaten

³/₄ l destilliertes Wasser
50 g weiße Schmierseife (Silberseife)
10 g Pottasche
50 g Alkohol (70prozentig)
zirka 1 bis 2 Kaffeelöffel Parfümöl

Zubereitung: Bringen Sie zuerst das destillierte Wasser in einem hochrandigen Topf zum Kochen. Dann lösen Sie die

Schmierseife darin auf und fügen die Pottasche hinzu. Dreißig Minuten köcheln lassen, wobei sich die Seifenlösung auf einen halben Liter reduzieren wird. Abkühlen lassen.

Nun wird das Parfüm im Alkohol gelöst. Es hängt von der Intensität Ihres Parfüms ab, wieviel Sie davon in Alkohol lösen, um das Shampoo so zu parfümieren, daß der Geruch von Schmierseife verschwindet, das Shampoo aber nicht so intensiv parfümiert ist, daß man beim Haarewaschen die Bindehaut der Augen damit reizt. Deshalb gebe ich Ihnen hier einige Richtwerte für Parfümöle: 1/2 Kaffeelöffel Pfefferminzöl oder 2 Kaffeelöffel synthetisches Rosenöl oder 2 Kaffeelöffel Zitronenöl oder 1 Kaffeelöffel Lavendelöl oder 1 Kaffeelöffel Ihres eigenen Parfüms. Neben diesen Duftnoten gibt es preiswerte synthetische Parfümöle. Hier sind 2 Kaffeelöffel erfahrungsgemäß ausreichend, um das Haarshampoo gut zu parfümieren. Empfehlenswert sind Apfelblüte, Veilchen, Pfirsichblüte, Jasmin, Irisches Moos.

Nun gießen Sie die abgekühlte Flüssigkeit zusammen mit dem parfümierten Alkohol in eine hübsche Flasche und schütteln alles einmal kräftig durch.

Anwendung und Wirkung: Das duftende Seifenshampoo sparsam auf dem nassen Haar verteilen. Nach der zweiten Wäsche gründlich mit warmem Wasser spülen. In das letzte Spülwasser geben Sie einen Schuß Obstessig oder Zitronensaft als saure Spülung. Durch die gründliche Reinigung und die sparsame Entfettung des Haares wird das Haar glänzend, gut frisierbar und behält Stand und Form.

Honig-Festiger

Zutaten

1 Kaffeelöffel reiner Blütenhonig
¼ l warmes Wasser
1 Spritzer Obstessig oder Zitronensaft

Wie wir von verschiedenen Fachleuten wissen, besteht der Nachteil der industriell hergestellten Festiger darin, daß sie durch ihren Anteil an Harzen die Kopfhaut verkleben, was bei häufiger Anwendung zu Haarausfall führen kann. Wer dünnes und feines Haar hat, wird auf Festiger nicht verzichten wollen, man wird aber sehr wohl darauf verzichten wollen, die Kopfhaut zu schädigen und noch mehr Haare zu verlieren. Als natürlicher, ganz ausgezeichneter Haarfestiger bietet sich deshalb der Bienenhonig an. Honig im Haar? Das klingt ziemlich klebrig. Aber haben Sie keine Sorge, der Honig löst sich in warmem Wasser völlig auf und hinterläßt keine klebrigen Spuren im Haar. Einen Spritzer Obstessig oder Zitronensaft fügt man dem Festiger bei, um dem Haar zusätzlichen Glanz zu verleihen.

Die beste Kurpackung: Haarmayonnaise

Zutaten

1 Eigelb
2 Eßlöffel Pflanzenöl
1 Spritzer Zitronensaft

Zubereitung: Die Haarmayonnaise wird wie jede andere Mayonnaise zubereitet. Eigelb und Pflanzenöl sollten zimmerwarm sein. Nun tröpfelt man das Öl langsam unter ständigem Rühren in das Eigelb, bis eine feste Mayonnaise entstanden ist. Dann den Zitronensaft hinzufügen und alles gründlich verrühren. Naturbelassenes, kaltgepreßtes Pflanzenöl ist normalerweise in jeder Küche vorhanden. Sonnenblumenöl, süßes Mandelöl, Avocadoöl sind geeignet.

Anwendung und Wirkung: Die Packung kann man auf das trockene, noch nicht gewaschene Haar auftragen oder auf das einmal vorgewaschene Haar. Trockenes Haar nimmt die Emulsion besser an als nasses Haar. Die Packung wird gleichmäßig auf das Haar verteilt. Nun setzen Sie eine Plastikhaube auf den Kopf, um die Packung warm zu halten. Nach dreißig Minuten Einwirkungszeit abwaschen. Hierbei verteilen Sie zuerst reichlich warmes Wasser auf dem Haar und waschen zunächst ohne Shampoo die Emulsion aus dem Haar. Gründlich mit viel Wasser abspülen und dann mit Haarshampoo waschen.

Die Mayonnaise-Packung macht das Haar herrlich weich und glänzend; wer sie einmal verwendet hat, wird sie nicht mehr missen wollen. Bei stark strapaziertem Haar, etwa durch Farbe oder Sonne geschädigtem Haar, sollten Sie die Mayonnaise-Kur vor jeder Haarwäsche anwenden.

Was ist gut, was ist schlecht bei der Haarpflege?

Das Waschwasser für die Haarwäsche soll gut warm und nicht lauwarm sein, um Schmutz und Staub gründlich zu lösen. Nach der Wäsche soll das Haar mindestens drei Minuten gründlich mit klarem Wasser gespült werden, erst dann ist es wirklich sauber. Warmes Wasser macht das Haar und die Kopfhaut weich, weshalb nach dem Rezept guter Shampooneusen der warmen Wäsche eine kurze kalte Dusche folgen soll. Das wirkt nicht nur ungemein erfrischend, es zieht auch die Kopfhaut und das Haar zusammen.

Gut gegen schadhafte Spitzen: Reiben Sie die Haarspitzen vor der Wäsche sparsam mit Pflanzenöl ein, und lassen Sie die Kur mindestens dreißig Minuten einziehen.

Haarbalsam macht das Haar weich und schwer. Das ist besonders ungünstig für feines Haar. Außerdem erfordert das zu weiche Haar einen Haarfestiger, damit die Frisur hält. Versuchen Sie den Honig-Festiger als Ersatz für Balsam und Haarfestiger.

Verdünnen Sie Haarbalsam mit Wasser, dann wirkt er weniger erweichend auf das Haar.

Kräftiges Rubbeln mit dem Frotteehandtuch nach der Haarwäsche mag eine angenehme Kopfmassage sein. Für das Haar ist es nicht gut. Legen Sie ein Frotteetuch um das nasse Haar und klopfen Sie es leicht mit den Händen. Dann wird das Haar ausfrisiert; anschließend wickeln Sie ein trockenes Handtuch um den Kopf und lassen das Haar fünfzehn Minuten vortrocknen.

Ob Trockenhaube oder Fön, Elektrohitze schadet dem Haar. Dosieren Sie die Hitze. Stellen Sie die Trockenhaube beim Friseur auf niedrigste Temperatur ein, ebenso den Fön. Benützen Sie nur im Ausnahmefall elektrische Brennscheren oder elektrisch vorgeheizte Lockenwickler, sie ruinieren bei regelmäßiger Verwendung jedes Haar.

Am wenigsten schadet dem Haar das langsame Trocknen bei Zimmertemperatur. Wenn Sie Ihr Haar im Freien trocknen, setzen Sie sich nicht in die pralle Sonne. Ultraviolette Strahlen in Verbindung mit verdampfender Feuchtigkeit machen das Haar spröde.

Bevor Sie das Haar auf Lockenwickler drehen, lassen Sie es mindestens fünfzehn Minuten vortrocknen. Das erleichtert nicht nur das Aufwickeln. Das Haar wird auch weniger strapaziert und ist bei Zimmertemperatur schneller trocken.

Benutzen Sie keine Metallkämme oder engzinkige Kämme, sie sind schlecht für Haar und Kopfhaut. Ideal ist der Holzkamm mit weit auseinanderliegenden Zinken.

Vermeiden Sie Lockenwickler mit Bürsten- oder Drahteinsätzen, haarschonender sind glatte, weiche Kunststoffwickler.

Der große Unterschied:
Die Frisur

Wenn wir aufzählen wollten, was Frauen ab dem vierzigsten Jahr weniger vital und älter erscheinen läßt, als sie wirklich sind, dann nähme mit Sicherheit die Frisur den ersten Platz in der Rangliste aller Fehler ein. Es sind bestimmt zehn Jahre, die man seinem Aussehen mit der richtigen Frisur abhandeln kann. Der New Yorker Friseur Terry Foster sagte einmal: »Alles wechselt eine Frau lieber als ihre Frisur.« Ich verstehe diese starre Haltung mancher Frauen nicht. Wir ändern durch zunehmendes Alter unser Aussehen, wir wechseln die Farben und den Stil unserer Garderobe, wir gewinnen neue Einsichten und verändern viele Ansichten, warum nur sollten wir die Frisur nicht ändern? Hängen wir uns etwa an den Haarstil, der uns vor zehn Jahren so gut stand und versuchen damit auszusehen wie damals? Oder glauben wir, mit dem vierzigsten Lebensjahr sei die Zeit der Frisuren für die reife Frau gekommen, und ist unsere Vorstellung über die reife Frau nicht etwas bieder und langweilig? Betrachten wir einmal die Fehler bei der Wahl der Haarfrisur etwas genauer.

Der strenge Kurzhaarschnitt: Die überpraktische »Wash-and-wear«-Frisur kann in verschiedenen Variationen auftreten. Einmal bei gleichlangem Haar als streng geometrischer Haarschnitt, stumpf abgeschnitten und im Nacken glatt ausrasiert. Ebenso ungünstig, vor allem bei nicht mehr allzu üppigem Haarwuchs, ist die in Stufen geschnittene und glatt getragene Kurzhaarfrisur. Zu den strengen Linien dieser Frisuren gehört nicht nur viel Haar, sondern als Kontrast auch ein weiches, junges Gesicht. Der ausrasierte Nacken wirkt wenig schmeichelhaft und tut sein übriges zum harten, strengen Aussehen.

Verändern: Bringen Sie Beweglichkeit und Leben in Ihr Haar. Wenn die Farbe langweilig ist, sehen zum Stufenschnitt gefärbte oder getönte Strähnchen lebendig und attraktiv aus. Lassen Sie das Haar im Nacken wachsen, und tragen Sie es beim Stufenschnitt an der Vorderseite des Kopfes kürzer als im Nacken. Drehen Sie das Haar auf große Wickler auf, damit es fülliger wirkt.

Wenn längeres Haar zu Ihrem Gesicht und zu Ihrem Körperproportionen paßt, lassen Sie das Haar bis etwa Halsmitte wachsen. Tragen Sie es in großzügigen Wellen, stecken Sie die Seitenpartien mit hübschen Kämmen nach oben, das »liftet« optisch Ihre Gesichtszüge. Vermeiden Sie glatt herunterhängendes Haar, das Ihrem Gesicht ein tristes Aussehen geben könnte.

Der Pagenkopf: Die stumpf geschnittene, kinnlange Pagenkopffrisur läßt manche Frauen aussehen wie Prinz Eisenherz oder wie alle anderen tapferen Ritter. Zu den streng geometrischen Formen dieser Frisur gehören als Ausgleich weiche, junge Züge. Außerdem sehr volles Haar, vor allem für die Seitenpartien und den dichten Pony dieser Frisur. Wenn man nicht mehr ganz jung ist, wachsen vor allem die Haare an den Seiten nicht mehr so üppig wie früher, und das Haar wirkt an den Seiten fusselig.

Verändern: Mildern Sie die Geometrie! Nehmen Sie die Seitenpartien und einen Teil der Ponyfransen aus dem Gesicht und stecken Sie das Haar mit attraktiven Spangen oder Kämmchen zurück. Alle Linien, die nach oben führen, sind ein günstiger optischer Ausgleich zu den senkrecht im Gesicht verlaufenden Linien. Wenn Ihnen großzügige Wellen gut stehen, lockern Sie die strenge Form durch einen Stufenschnitt.

Das Lockenköpfchen: Der Unterschied zwischen dem Lokkenköpfchen und dem Lockenkopf ist eindeutig. Überlassen wir die kleine Löckchenfrisur Alice aus dem Wunderland, ihr steht sie am besten. Oder warten wir damit, bis wir liebenswürdige alte Damen sind, dann sieht das Lockenköpfchen zu silbernem Haar wieder sehr hübsch aus. Die Jugend und das Alter verfügen über die Unschuld. In die mittleren Lebensjahre passen die kleinen Löckchen jedoch nicht, weder zu den ersten Falten noch zu der Spur von Ernst, die das Leben ins Gesicht schrieb.

Verändern: Es ist empfehlenswert, das Haar auf die größten Wickler aufzudrehen oder in Form zu fönen, um das Lokkenköpfchen in einen großzügigen, lebhaften Lockenkopf zu verwandeln. Ihr Haar sollte sich bewegen, wenn Sie den Kopf wenden. Wenn Sie keine großen Wickler aufdrehen können, muß das Haar noch ein wenig nachwachsen, auch im Nacken. Lassen Sie Strähnchen einfärben, wenn die Farbe zu langweilig ist oder wenn Ihr Haar vom Ansatz bis zur Spitze in der gleichen Farbe gefärbt wurde.

Der strenge Nackenknoten: Zu dieser klassischen Ballerinafrisur gehört auch das Ambiente einer Ballerina: die hohen Backenknochen, das dramatische Make-up, der graziöse Hals, die eleganten Bewegungen und die grazile Gestalt. Wenn solche Merkmale für Sie nicht charakteristisch sind, müssen Sie vorsichtig sein mit dem straff zurückgekämmten Haar. Überlegen Sie, was geschieht, wenn Sie das Haar straff aus dem Gesicht zurücknehmen. Das Gesicht wird ganz freigelegt, es offenbart jede Linie, um die Augen, um den Mund, jeden kleinen Ansatz von Doppelkinn. So wirkt auch die Frisur nicht würdevoll oder elegant, sondern nur schwunglos.

Verändern: Sorgen Sie dafür, daß das Haar nicht mehr straff am Kopf anliegt, sondern lose und locker ist. Drehen Sie das

Haar mit größtmöglichen Wicklern auf. Versuchen Sie folgenden Trick: alles Haar vornübergebeugt kräftig nach unten bürsten. Nun nehmen Sie den hinteren Teil des Haares in die Hand, richten sich auf und stecken die Seitenpartien locker mit Kämmchen nach oben. Ziehen Sie ein paar lockige Strähnchen in die Stirn. Schlingen Sie den Nackenknoten so locker wie möglich. Probieren Sie, à la Katharine Hepburn, einen locker geschlungenen Knoten auf dem oberen Teil des Kopfes. So wirkt die Frisur hübscher gegliedert, lässig und gar nicht mehr streng.

Die »Ich-komme-gerade-vom-Friseur«-Frisur: Hier ist die Rede von den aufgemachten Köpfen, von der typischen »Ich-komme-gerade-vom-Friseur«-Frisur. Meist ist das eine mit Haarspray zu unbeweglicher Starrheit gezwungene, allzu schön aufgedrehte Locken- und Wellenfrisur, im ungünstigsten Fall im Nacken zu kurz geschnitten und an den Seitenpartien zu breit. Es kann auch eine stark toupierte Frisur sein, die ebenfalls wie erstarrt wirkt. Oft sieht man die typische Friseur-Frisur in Kombination mit falsch gefärbtem Haar.

Verändern: Bei der typischen Friseur-Frisur mit starren Wellen und Locken fehlt es an Lebendigkeit und Vitalität. Das Haar muß sich bewegen. Es darf nicht auf zu kleine Wickler aufgedreht und sollte nicht zu kurz sein, damit es sich bewegen kann. Scharf abgrenzende Wellen wirken hart, großzügige, weiche und lockere Wellen machen weich. Das im Nacken zu kurz geschnittene Haar gibt harte Linien, lassen Sie das Haar im Nacken niemals ausrasieren.

Wer das Haar kräftig toupiert, hat zu feines Haar und erhofft sich durch das Toupieren mehr optische Fülle. Viel Toupieren schadet dem Haar. Bürsten Sie statt dessen das Haar mit vornübergebeugtem Kopf nach vorne. Gehen Sie mit dem Kopf zurück und zupfen Sie nur noch mit den Fingerspitzen das obere Haar zurecht. So bleibt das untere Deckhaar von der Kopfhaut entfernt, wirkt fülliger und fettet weniger schnell nach.

Vermeiden Sie Extreme bei der Auswahl der Haarfarbe. Nicht zu dunkel, nicht zu hell und nicht grell. Raffinierter als der eindeutig gefärbte Kopf sind sanfte Zwischenfarben und Strähnchen.

Die Matronenfrisur: Hochgetürmt und aufgesteckt, in Haarklemmen und Kämmen fest eingepackt, so daß sich kein einziges Härchen mehr rührt, so sieht die Matronenfrisur aus. Sie verleiht ihrer Trägerin ein sehr energisches Aussehen. Ausgewählt werden solche Frisuren oft von Frauen, die es zwar praktisch finden, schnell mit der Frisur fertig zu werden, sich jedoch nicht die Mühe machen, eine hübsche und schnell frisierbare Frisur zu finden. Die Kombination von hübsch und praktisch sollte ausprobiert werden. Sie funktioniert!

Verändern: Langes Haar muß keineswegs der Schere zum Opfer fallen, wenn man über vierzig ist. Die Spitzen sollten regelmäßig geschnitten werden, und das Haar darf nicht so lang sein, daß es durch eine Schwere an der Kopfhaut zieht. Das Haar darf niemals straff am Kopf anliegen, sonst kann man es nicht locker und lässig hochstecken. Wenn das Haar locker gebürstet wird, was man durch Bürsten in entgegengesetzter Richtung erreicht, lassen sich unkomplizierte Knoten schlingen. Lockere und lockige Haarsträhnen im Nacken, an den Schläfen und der Stirn mildern die Strenge. Übrigens: Schulterlanges Haar, in großzügigen Wellen getragen, steht nicht nur jungen Mädchen.

Der neue Frisurenstil ab vierzig:
Die geplante Absichtslosigkeit

Die Fehler mit den Frisuren, so unterschiedlich die einzelnen Beispiele auch sind, zeigen immer wieder die gleichen Mißgriffe: harte Linien, aufgemachte Köpfe, Bewegungslosigkeit. Jede Frau ist in der Lage, sich eine Frisur zuzulegen, die sie nicht älter, sondern jünger erscheinen läßt. Und hierbei sind die Gesetze des Maßhaltens so wichtig wie in allen anderen Dingen auch. Denn neben der zu ältlichen Frisur wäre noch der Mißgriff der zu jugendlichen Frisur zu erwähnen. Ich denke an schulterlanges Haar im Afrolook, an schnurgerade herunterhängendes schulterlanges Haar im Stil der fünfziger Jahre, an den festen Messerhaarschnitt im Punkerstil. Nichts macht älter als das verkrampfte Bestreben nach Jugendlichkeit.

Unabhängig davon, ob Sie Ihr Haar in großzügigen Wellen offen und schulterlang tragen, hochgesteckt oder in Stufen geschnitten, halblang in dicken Locken oder Wellen, immer sollte Ihre Frisur lebhaft und beweglich gestaltet sein. Die lässigsten Frisuren sehen eigentlich so aus, als wäre man sich nach dem Aufstehen gerade einmal mit dem Kamm durchs Haar gefahren. Diese geplante Absichtslosigkeit wirkt vital und ist der Schlüssel zu optimalem Aussehen.

Diese geplante Absichtslosigkeit bedeutet allerdings etwas mehr Mühe für das Haar als die echte Absichtslosigkeit. Die Voraussetzungen dafür sind ein guter Schnitt, erstklassige Färbung und viel Pflege. Sie sollten sich immer eine Frisur zulegen, mit der Sie zu Hause selbst zu Rande kommen. So beschränken sich die Friseurbesuche und die damit verbundenen Kosten auf ein Mindestmaß. Im Idealfall besucht man den Friseur höchstens einmal im Monat. Nicht öfter als einmal im halben Jahr sollte man Dauerwellen machen lassen, nicht öfter als alle drei Monate färben und einmal im Monat tönen und schneiden. Denken Sie daran, daß durch dauer-gewelltes Haar keine Farbe gezogen werden darf, sondern spezielle Färbetechniken zur Anwendung kommen müssen, wie schon zuvor beschrieben.

Je besser die Haarqualität, desto einfacher ist Ihre Frisur zu gestalten. Lernen Sie mit Lockenwicklern oder Fön umgehen. Ein großer Vorteil der selbstgemachten Frisur besteht darin, daß Sie das Haar zu Hause bei Zimmertemperatur vortrock-nen können. Vorgetrocknetes Haar läßt sich in Form fönen und auch leicht einlegen. Wenn Sie Zeit haben, lassen Sie das Haar bei Zimmertemperatur fertig trocknen, oder beschrän-ken Sie die Zeit unter der Trockenhaube auf ein Minimum.

Was nun die Auswahl der richtigen Haarfrisur angeht, so gibt es einige gute Möglichkeiten, mit der Frisur die Spuren des Alters im Gesicht zu kaschieren. Stellen Sie kritisch im Spiegel fest, wo die schwachen Punkte liegen. Falten um die Augen, auf der Stirn, um den Mund? Doppelkinn? Schlaffe Haut an den Wangen? Halsfalten? Mit der richtigen Frisur versuchen wir, die Aufmerksamkeit von den schwachen Punkten abzulenken, um die attraktiveren Gesichtspartien zu betonen. Hier einige Vorschläge:

Doppelkinn: Lenken Sie die Aufmerksamkeit vom unteren Drittel des Gesichts ab. Strähnchen an den Schläfen und am Haaransatz geben der oberen Gesichtshälfte mehr Gewicht. Tragen Sie die Stirn frei und betonen Sie mit Augen-Make-up mehr die Augen. Tragen Sie das Haar halblang, und legen Sie den schwachen Punkt nicht durch zu kurzes Haar frei.

Senkrecht verlaufende Falten: Senkrecht verlaufende Falten um den Mund werden durch senkrecht fallendes Haar noch mehr betont. Günstig ist die aus dem Gesicht gebürstete Löwenmähne, die das Gesicht füllig umrahmt. Eingefärbte Strähnchen setzen weitere »waagrechte« Akzente.

Augenfalten: Vermeiden Sie Haarfrisuren, die eng am Gesicht anliegen. Etwa Ponyfransen oder Locken, die um die Augengegend liegen. Öffnen Sie das Gesicht durch großzügig zurückgebürstetes, locker und wellig getragenes Haar. Setzen Sie lebhafte Akzente durch Strähnchen, das mildert harte Konturen. Tragen Sie Haarschmuck, attraktive Kämmchen oder Spangen, mit welchem Sie Teile des Haars locker aus dem Gesicht stecken.

Stirnfalten: Natürlich sind Ponyfransen ein gutes Rezept gegen Falten auf der Stirn, aber sie stehen nicht jedem. Außerdem lenken zu tief sitzende Ponyfransen die Aufmerksamkeit auf Augenfalten. Kompromiß: Tragen Sie das Haar aus dem Gesicht, und lassen Sie üppige Wellen auf die Stirn fallen.

Grauer Teint: In nicht mehr jungen Jahren kann die Farbe der Haut teigig, grau und fahl wirken. (Schon aus diesem Grund spielt die Druchblutung der Haut durch körperliche Bewegung eine so wichtige Rolle.) Unterstreichen Sie nicht das fahle Aussehen der Haut durch falsche Haarfarben! Schwarz, Gelbtöne und gelbliches Rot lassen die Haut noch fahler erscheinen. Suchen Sie nach warmen, weichen Farben. Strähnchen Ton-in-Ton bringen Lebendigkeit ins Haar und schöne Reflexe auf die Haut.

Schönheit:
Durch
Wohlbefinden

Natürliche Ernährung:
Die beste Diät

Festgefahren in der Routine der deutschen Einheitsküche oder felsenfest überzeugt von irgendeiner »allerneuesten« Modediät oder generell desinteressiert an Fragen der Ernährung – es gibt zahlreiche Gründe, weshalb manche Frauen nicht verstehen lernen wollen, daß ihre Ernährung gleichbedeutend ist mit Gesundheit, Schönheit und Wohlbefinden. Jede dritte Frau leidet an Übergewicht, 80 Prozent aller Frauen über fünfzig haben keinen geregelten Stuhlgang, können nicht ohne Abführmittel auskommen. Zu weiteren ernährungsbedingten Zivilisationskrankheiten gehören Gebißverfall, Gallensteine, Stoffwechselstörungen, Erkrankungen des Bewegungsapparates, Arteriosklerose, Herzinfarkt, Thrombose, Erkrankungen des Nervensystems und Krebs. Der Durchschnitt der Bevölkerung erkrankt schon etwa fünfundzwanzig Jahre vor dem Tod an einem ernährungsbedingten Zivilisationsleiden, das dann später meist zur Todesursache wird.

Obwohl diese Tatsachen jedem Menschen bekannt sind, beschäftigt sich der Durchschnittsbürger nicht etwa mit aufklärender Literatur über gesunde Ernährung, sondern beschränkt sein Interesse allenfalls auf sensationelle Diätkochbücher, die in den meisten Fällen von gesunder Ernährungslehre weit entfernt sind. Wer an natürliches, reines Essen gewöhnt ist, kann sich nur wundern, welch denaturiertes Sammelsurium von Büchsennahrung, Ketchup, Cornflakes, Weißbrot, Fertigsuppen und -saucen, Büchsenmilch und Weißmehl man sich zulegen muß, wenn man einer dieser modernen Diäten folgen will. Hinzu kommt das Problem genmanipulierter Lebensmittel. Mit großer Wahrscheinlichkeit wird man bei einem solcherart ungewohnten Ansturm denaturierter Kost sogar zunehmen, ganz abgesehen davon, daß einen dauernd der Hunger plagen wird, weil dem Organismus Vitalstoffe fehlen. Andere Diätbücher raten zu Mangeldiäten und verherrlichen die einseitige Reduzierung entweder von Fett, von Eiweiß oder von Kohlenhydraten, ohne sich überhaupt mit dem Grundübel, der denaturierten Nahrung, auseinanderzusetzen. Ich halte diese Art von Pseudoaufklärung über Ernährung nicht nur für irreführend, sondern sogar für verantwortungslos. Wer sich wirklich für gesunde Ernährung interessiert, braucht keine Sensationsdiät, um gesund zu bleiben, das Körpergewicht auf natürliche Weise zu reduzieren und sein Idealgewicht ein Leben lang zu halten.

Die Ernährungswissenschaftler Dr. Bruker und Prof. Kollath, deren Bücher heute aktueller sind als je zuvor, wiesen schon vor Jahren auf die gesundheitlichen Schäden durch denaturierte Ernährung hin. Ihre Grundthese besteht darin, daß jedes Naturprodukt, das in die Maschinerie industrieller Verarbeitung gerät, entwertet und geschädigt wird und damit für die Gesunderhaltung des Körpers nicht mehr geeignet ist. Am verhängnisvollsten für die Ernährung hat sich die Präparierung von Mehl, Zucker und Milch, von Ölen und Fetten ausgewirkt.

Das tägliche Brot, das als Weißbrot, Schwarzbrot oder Graubrot auf den Tisch kommt, ist meist denaturiertes Brot aus Auszugsmehlen. Daß dieses aus Auszugsmehlen hergestellte Brot vom ernährungswissenschaftlichen Standpunkt aus minderwertig ist, wurde immer wieder nachgewiesen. Ratten, die nur mit Weißmehl gefüttert wurden, starben nach wenigen Wochen, während die mit Vollkornbrot ernährten Tiere gesund blieben. Man befindet sich im Irrtum, wenn man glaubt, für die Gesundheit etwas Gutes zu tun, indem man Weißbrot meidet und statt dessen Graubrot beziehungsweise Schwarzbrot ißt. In der biologischen Wertigkeit ist zwischen Weißmehl und Graumehl kein wesentlicher Unterschied, und die Farbe eines Brotes sagt nichts über seinen biologischen Wert aus. So kann beispielsweise helles Brot noch den Weizenkeim enthalten, wie etwa Weizenschrotbrot, und ist dadurch als Brot wertvoller als ein entkeimtes Schwarzbrot. Während uns die Natur im vollen Weizenkorn alle Begleitstoffe liefert, die zur Gesunderhaltung des menschlichen Organismus notwendig sind, wird durch die Entfremdung der Randschichten des Getreidekorns und des Keims nur noch der kohlenhydrathaltige Stärkekern geliefert. Zwar ist das Mehl dadurch haltbar gemacht, aber aus dem einstmals perfekten Weizenkorn ist jetzt ein isoliertes Kohlenhydrat geworden. Auf diese Weise gehen bei der Präparierung des Mehls nicht allein Vitamine, sondern insgesamt etwa fünfzig verschiedene, für die Ernährung wichtige Stoffe verloren. Der bedeutendste Verlust ist der des Vitamins B_1, das vor allem benötigt wird, um die im Mehl und auch in anderen Nahrungsmitteln enthaltenen Kohlenhydrate in Energie umzuwandeln. Paradoxerweise wird bei der Weißmehlherstellung 84 Prozent des Vitamins B_1 abgebaut. Das schonend behandelte naturbelassene Korn wäre also in der Lage gewesen, in unserem Organismus gleichzeitig als Lieferant und als Wandler von Kohlenhydraten zu wirken; nach der Präparierung liefert es nur noch isolierte Kohlenhydrate, und es bedarf der Zufuhr anderer Nahrungsmittel, die Vitamin B 1 enthalten, um den Abtransport der denaturierten Kohlenhydrate zu übernehmen. Es ist kaum möglich, den Bedarf an diesem wichtigen Vitamin in der menschlichen Nahrung ohne Vollgetreide zu decken. Vitamin B_1 ist für den normalen Ablauf des Kohlenhydratstoffwechsels unentbehrlich, und je mehr Kohlenhydrate der Organismus in Energie umsetzen muß, desto größer ist sein Vitamin-B_1-Bedarf. Sein Mangel macht nicht nur dick, sondern auch krank.

Ähnlich verhält es sich mit einem anderen isolierten Stoff, dem Fabrikzucker. Auch hier werden einem biologisch perfekten Naturprodukt wie der Zuckerrübe Zellulose, Pektin, Eiweißstoffe, Mineralien, Spurenelemente und vor allem Vitamine entzogen, bis schließlich der isolierte Fabrikzucker fertig ist, der keine Spur von Vitamin B_1 mehr enthält. Es ist zwar richtig, wenn die Zucker-Befürworter sagen, daß der Bedarf an Vitamin B_1 sowieso durch Getreide, Milch, Obst und Gemüse gedeckt wird. Das bedeutet jedoch, daß wir Vollgetreide, nicht-denaturierte Milch, große Mengen Obst und ungekochtes Gemüse essen müssen, um den von der Weltgesundheitsorganisation festgestellten täglichen Mindestbedarf von 1,5 mg zu erreichen. Übrigens setzen russische Wissenschaftler den Mindestbedarf auf 3 mg täglich an. Der Vitamin-B_1-Gehalt der Nahrung liegt jedoch in Europa bei durchschnittlich nur 0,5 mg pro Tag. Und wenn man bedenkt, daß dieser Mangel schon Krankheiten hervorrufen kann, dann besteht wohl Grund genug, sich um naturbelassene Nahrung zu bemühen, wenn man weder dick noch krank werden will.

Nach Prof. Kollath gehört die naturbelassene, frische Kuhmilch zu den hochwertigsten Lebensmitteln, während er gekochte Milch, konservierte und pasteurisierte Milch sowie die Milchkonserve zu den denaturierten Nahrungsmitteln zählt, die nur noch Teilaufgaben im Organismus erfüllen können. Nun haben wir neben den denaturierten Nahrungsmitteln auch mit dem Problem der Lebensmittel zu tun, die uns als Verbraucher mit den Vernebelungstaktiken bestimmter Interessengruppen offeriert werden. An erster Stelle sind hier Öle und Fette zu nennen. Eine unaufgeklärte Hausfrau, die ihre Familie gesund ernähren will, kauft im Supermarkt

Pflanzenöl ein, das mit dem Aufdruck »100 Prozent reines Pflanzenöl« ausgezeichnet ist. Sie weiß, daß Pflanzenöl gesund ist. Sie sollte aber auch wissen, ob das von ihr erworbene Pflanzenöl raffiniert ist und durch dieses Verfahren zum minderwertigen Lebensmittel denaturiert wurde. Bei diesem Verfahren werden die Pflanzenöle nicht kaltgepreßt, wie es wünschenswert wäre, sondern sie werden mit Hilfe chemischer Lösungsmittel gewonnen, werden durch Vakuumdestillation und Laugenraffination einer Entsäuerung unterworfen, entfärbt und gebleicht, in der Desodorierungsanlage geruchfrei gemacht, wobei unter Vakuum Wasserdampf eingeleitet wird; dann wird das Fett im Vakuum getrocknet, um seine Lagerfähigkeit zu verbessern und schließlich in der Filterpresse filtriert, um die letzten Spuren von Feuchtigkeit aus dem Fett herauszuholen. Das farblose Öl wird dann noch nachträglich geschönt, angefärbt und häufig mit Antioxydation versehen. Ich glaube nicht, daß unsere Hausfrau, die ihre Familie gesund ernähren will, nach solch einem Öl greifen wollte; denn es entbehrt die für die Ernährung und die Erhaltung der Gesundheit notwendigen fettlöslichen Vitamine und mehrfach ungesättigten Fettsäuren, die für den richtigen Ablauf der inneren Stoffwechselvorgänge von größter Bedeutung sind. So muß man als Verbraucher bei Einkauf darauf achten, daß die Ölflasche den Aufdruck »naturbelassen – kaltgepreßt« trägt, womit die Garantie gegeben ist, daß das Öl nicht raffiniert wurde und mehrfach ungesättigte Fettsäuren enthält. Die Pflanzenöle bekommen wir im Reformhaus und in Delikateßgeschäften. Kaltgepreßte Öle dürfen auf keinen Fall erhitzt werden, da sie dadurch entwertet werden.

Wie man in den Medien verfolgen kann, hat die Margarineindustrie von sich reden gemacht. Es ging im Hinblick auf Cholesterin um die Verteufelungskampagne der Butter im Vergleich zur angeblich gesunden Margarine. Jahrelang wurde den Verbrauchern eingeredet, daß der Genuß von Butter den Cholesterinspiegel hebe und ausschließlich Margarine der richtige Brotaufstrich im Kampf gegen arteriosklerotische Veränderungen der Herzkranzgefäße und gegen Gallensteine sei. Cholesterin ist ebenso wie Lecithin ein äußerst wichtiger und lebensnotwendiger Stoff, den wir nicht nur in Form von tierischen Fett, Innereien und Fleisch zu uns nehmen, sondern im Organismus selbst bilden. Wenn sich Cholesterin in krankhafter Weise im Körper ablagert, nämlich in den Gefäßwänden, ist der Stoffwechsel bereits geschädigt. In diesem Zusammenhang schreibt der Ernährungswissenschaftler Dr. Bruker: »Schon aus den beiden Tatsachen, daß der Körper selbst Cholesterin bilden kann und daß Cholesterin nicht nur in tierischen Fetten, sondern auch in anderen tierischen Produkten vorkommt, müßte eigentlich genügen, um das Unstatthafte der Annahme, die Arteriosklerose sei ein Fett- oder gar ein Cholesterinproblem, zu beweisen.«

Ähnlich wie bei der Raffinierung des Pflanzenöls führt das technische Verfahren bei der Herstellung der Margarine zu einem zwar kunstvollen, aber gesundheitsschädlichen Endprodukt. An billigen pflanzlichen und tierischen Ölen wird durch einen Hydrierungsvorgang die Härtung vorgenommen, wobei die wertvollen ungesättigten Fettsäuren verschwinden. Außerdem wird die Margarine mit Emulgatoren angereichert, damit sie stabil bleibt, und schließlich werden ihr noch Stoffe zugesetzt, die das Spritzen in der Bratpfanne verhindern. Zahlreiche Ernährungsexperten wiesen nach, daß die derart hergestellte Margarine eine Störung der inneren Zellatmung bewirkt, und raten von raffinierter Margarine ab. Der Ernährungswissenschaftler Dr. Seger sagt dazu: »Durch Härtung, z. B. bei der Margarineerzeugung, werden die Fette ihrer biologischen hochaktiven Eigenschaften beraubt. Dadurch kommt es zu irreparablen Gewebeschäden durch Schädigung der Zelloxydation und des Fettstoffwechsels. Dieses kann die Krebsentstehung begünstigen.«

Die im Reformhaus erhältlichen Margarinen werden aus Vorpreßölen oder Fetten hergestellt und mit mehrfach ungesättigten Fettsäuren angereichert. Qualitätsmäßig sind sie zwar besser als die vollraffinierten Margarinen, in ihrem biologischen Wert können sie jedoch nicht an der Butter gemessen werden. Seit Jahrhunderten haben die Menschen Milchfett in Form von Butter, Milch und Sahne genossen und sind davon nicht krank geworden; heutzutage muß man seinen gesunden Menschenverstand einsetzen, um sich gegen die Vorstellung zu wehren, daß Butter, die früher weder Arteriosklerose noch Herzinfarkt begünstigt hat, plötzlich ungesund sein soll. Butter enthält 59 bis 65 Prozent gesättigte Fettsäuren, 29 bis 37 Prozent einfachungesättigte, 2,9 bis 4,6 Prozent zweifachungesättigte, 0,9 bis 2 Prozent hochungesättigte Fettsäuren. Butter gilt als das bekömmlichste Fett sowohl als Brotaufstrich als auch zum leichten Erhitzen in der Pfanne. Doch auch Butter sollte mit Maß genossen werden, denn allzu großer Butterkonsum wird vom Organismus schlecht vertragen.

Als Mitglieder einer modernen Industriegesellschaft haben wir nicht nur die Denaturierung unserer Grundnahrungsmittel zu beklagen, wir sind auch unfreiwillig zu Konsumenten schädlicher Fremdstoffe in der Nahrung geworden. Kunstdünger, Insektizide, Pestizide, Herbizide, Östrogene im Fleisch, Gift im Fisch, all das landet in der Nahrungskette schließlich auf unseren Tellern. Krebs ist die Seuche unserer Zeit geworden. Viele Hausfrauen haben sich auf dem Land nach Bio-Bauern umgesehen und beziehen von dort ihre wichtigsten Grundnahrungsmittel. Ich halte die Unterstützung solcher Betriebe für unendlich wichtig; auch ist es eine Chance, gegen die übermächtigen Bestimmungen einer verantwortungslosen Agrarpolitik und die gesundheitlichen

Schäden genmanipulierter Nahrung, die von dieser Politik getragen wird, anzukämpfen.

Verbraucher von chemisch behandeltem oder genmanipuliertem Obst und Gemüse sollten sich nicht einreden lassen, daß durch Waschen oder Kochen Gifte oder Mutationen aus den Produkten entfernt werden. Selbstverständlich soll man Obst und Gemüse vor dem Verzehr waschen, aber man muß wissen, daß man der Giftzufuhr damit nicht entgeht. Ebenso verhält es sich mit dem Kochen. Leider werden beim Kochen von Gemüsen gerade jene vorteilhaften Wirkstoffe wie Vitamine und Fermente zerstört, nicht aber die Pestizide.

Ähnlich verhält es sich beim Fleisch. Hierbei begünstigt allerdings die Unaufgeklärtheit der Verbraucher die Brutalisierung der Massentierhaltung. Es sollte deutlich ausgesprochen werden, daß das Fleisch von natürlich ernährten Kälbern nicht weiß, sondern dunkelrosa ist; weißes Kalbfleisch sollte boykottiert werden! Die heutige Ernährungsforschung beschäftigt sich mit den neuen Eiweißverbindungen im Fleisch nicht artgerecht gehaltener Tiere wie etwa der »KZ-Hühner«. Dabei geht es um die Frage, ob das chemische Ungleichgewicht im Organismus nicht artgerecht gehaltener Tiere neue Substanzen bildet, sozusagen veränderte Eiweißverbindungen, die man als Antilebenssera bezeichnen könnte. Die vitalen Substanzen im Fleisch gesunder Tiere kennt man zwar, doch die Forschung beschäftigt sich mit den unvitalen und antivitalen Stoffen. Es besteht jedoch die berechtigte Befürchtung, daß ungünstige oder beängstigende Ergebnisse dieser Forschung so lange nicht an die Öffentlichkeit dringen, bis ein Skandal die Aufklärung unumgänglich macht.

Nach all diesen wenig ermutigenden Tatsachen zum Thema natürliche Ernährung bleibt uns nur die Wahl, aus dem Lebensmittelangebot auszusuchen, was unserer Gesundheit am wenigsten abträglich ist, wenn wir nicht aufs Land ziehen wollen, um uns zu autark zu ernähren. Es geht um die Frage, welche Nahrungsmittel vom gesundheitlichen Standpunkt aus qualitativ die wertvollsten sind, welche weniger wertvoll und welche minderwertig sind. Versuchen Sie die minderwertigen und die weniger wertvollen aus Ihrer Einkaufsliste zu streichen und sie durch wertvolle zu ersetzen. Stellen Sie Ihre Ernährung um, wenn Sie Übergewicht haben oder unter Verdauungsproblemen leiden. »Wer im Laufe seines Lebens den Darm zu einem trägen Schlauch erzogen hat«, sagt der Ernährungswissenschaftler Dr. Babor, »muß lernen, ihn zu beschäftigen.« Dazu sind Steaks und Salat nach Babors Meinung bestimmt nicht das richtig Essen.

Ernährungstabelle

Das sollten Sie meiden:	Oder ersetzen durch:	Ideal wäre:
Weißmehl	Vollgetreidemehl	wenn Sie das Korn vor Gebrauch selbst mahlen
Weißbrot Schwarz- und Grau- brot	Vollkornbrote	wenn Sie das Brot aus frisch gemahlenem Mehl selbst backen
Gebäcke, Konfekt und Kuchen aus Weißmehl	Vollkorngebäck	wenn Sie aus frisch ge- mahlenem Mehl selbst backen, mit Nüssen, Samen, Mandeln zu- bereiten
Knabbergebäck	Reformhausgebäck aus Vollkornmehl, Honig und Nüssen	Nüsse, Samen, Man- deln

Das sollten Sie meiden:	Oder ersetzen durch:	Ideal wäre:
Billigkonfitüren Marmeladen	ohne Raffinade-zucker und Aroma-stoffe hergestell-te Konfitüre	hausgemachte Konfi-türen aus unbehandel-tem Obst mit Honig statt Zucker
Fabrikzucker	Honig oder Trauben-zucker	naturreiner Bienen-honig, Ahornsirup
Kondensmilch	Rahm	von frischer Milch ab-geschöpfter Rahm
pasteurisierte Trinkmilch	Trinkmolke aus dem Reformhaus, Buttermilch	ungekochte frische Vollmilch
raffinierte Margarine	Reformhaus-margarine	keine Margarine, son-dern Butter
raffinierte Pflanzenöle	Öl mit der Ver-packungsauf-schrift »natur-belassen – kaltgepreßt«	das frische, kaltge-preßte Öl der Ölbauern südlicher Länder
genmanipulierte Käse, vergorene Käsesorten; Käse in Plastikfolien	unvergorene Käse-sorten wie Butter-käse, Edamer, Emmentaler, Camem-bert	Käse aus rückstands-freier Milch vom Biobauern
fabrikmäßig her-stellte Obstsäfte	naturtrübe Säfte	Früchte und hausge-machte Säfte

Das sollten Sie meiden:	Oder ersetzen durch:	Ideal wäre:
chemisch behandeltes oder genmanipuliertes Obst und Gemüse	Produkte aus Bio-Läden, von biologisch arbeitenden Bauern	Eigenbau und frisch pflücken und verzehren
verkochtes Gemüse	gedämpftes Gemüse	rohes Gemüse, geschnitten, püriert, gehäckselt
Eier von KZ-Hühnern	Eier von frei laufenden Hühnern	Eier von Hühnern mit viel Auslauf und natürlichem Futter
Fleisch von nicht artgerecht gehaltenen Tieren	Fleisch von natürlich gehaltenen Tieren	von der eigenen Landwirtschaft
Kunstwein	Diabetikerwein, Wein mit Güte-garantie	der Wein, den die Weinbauern selbst trinken
Konserven	frische Nahrungs-mittel einfrieren	frische Nahrungs-mittel

Biologisch reines Essen wird Sie gesund und schlank erhalten, weil es Ihren Organismus mit allen Vitalstoffen versorgt.

Wichtig ist auch die richtige Zubereitung der Speisen, wobei häufig schwerwiegende Fehler gemacht werden. Der Kochbuchautor Peter Mayr führt in seinem biologischen Kochbuch genau an, was vermieden werden sollte:

● langes Warmhalten und Auslaugen in Wasser,
● starkes Erhitzen von Fett und darin schwimmendes Gebackenes,

- braune Butter, Fleischsaucen und Mehlschwitzen.

Statt dessen:
- schonendes Zubereiten: Dünsten und Dämpfen,
- Garen am Griller oder in der Pfanne mit wenig Fett,
- Garen im vorgeheizten Ofen ohne Fett,
- Garen in Folie ohne Fett.

Hier noch einige der wichtigsten Regeln und besten Rezepte der neuen Ernährungslehre, die Ihnen helfen werden, Ihre Ernährung umzustellen:

- Die Grundnährstoffe Eiweiß, Fett und Kohlenhydrate in kalorisch ausreichender Menge genügen bei denaturierten Lebensmitteln nicht, um Gesundheit zu garantieren. In natürlichen Lebensmitteln sind die Vitalstoffe in harmonischem Verhältnis geboten. Natürliche Ernährung ist der Garant für Gesundheit, Vitalität und natürliche Schlankheit.

- Befreien Sie sich von dem Vorurteil, natürliche Ernährung sei langweilig, und sehen Sie sich in den Buchhandlungen nach Kochbüchern über naturbelassene, biologische Küche um. Sie werden feststellen, daß die Nouvelle Cusine der Zukunft auf diesem Gebiet liegt.

- Betrachten Sie die Kalorienlehre als veraltet. Eine Kalorie ist die Wärmeeinheit, die benötigt wird, um 1 Liter Wasser um 1 Grad (von 4 auf 5 Grad Celsius) zu erwärmen. Wer sich mit denaturierten und chemisch zerlegten Lebensmitteln ernährt, erfährt durch die Kalorienzähler etwas über den Verbrennungswert der Nahrung, denn die Kalorienlehre führt zu einer »quantitativen« Nahrungsauffassung, bei der es auf die Menge – nach Wärmeeinheiten berechnet – ankommt und nicht auf die *Qualität* der Nahrung. Nehmen wir an, Ihre Ernährung besteht hauptsächlich aus Weißbrot, Graubrot und Schwarzbrot, denaturiertem Zucker, verkochten Gemüsen, raffinierten Ölen und Fetten, dann hätten Sie nach der alten Kalorienlehre Ihr tägliches Soll von etwa 2000 bis 3000 Kalorien rasch erfüllt. Aber die »qualitative« Ernährung mit isolierten Kohlenhydraten, Mangel an Vitaminen, Spurenelementen und Enzymen, gesättigten Fettsäuren und zahlreichen anderen Begleitstoffen wäre mangelhaft, und Sie wären gesundheitsschädigend ernährt.

- Lernen Sie zu unterscheiden zwischen kohlenhydrathaltigen Lebensmitteln und isolierten Kohlenhydraten. So sind etwa im vollen Weizenkorn die Kohlenhydrate in ihrem natürlichen Verbund vorhanden, im Weißmehl sind sie isoliert. Der Unsinn, statt Brot, Kartoffeln oder Obst Kohlenhydrate zu sagen, nur weil diese Nahrungsmittel unter anderem Kohlenhydrate enthalten, stammt aus der überholten Kalorienlehre. Zahlreiche Zivilisationskrankheiten sind die Folge eines gestörten Kohlenhydratstoffwechsels, bedingt durch isolierte Kohlenhydrate. Kohlenhydrate in ihrer biologischen Harmonie gelten sogar als Vitalstoffe.

- Pflanzliches Eiweiß ist ebenso vollwertig wie tierisches. In den Anfängen der Ernährungswissenschaft glaubte man, daß nur tierisches Eiweiß vollwertig sei, pflanzliches dagegen minderwertig, da nicht jede Pflanze alle bekannten essentiellen Aminosäuren enthält. Die Eiweiße sind komplizierte organische Stoffe, die aus verschiedenen Aminosäuren aufgebaut sind, und die Zahl der Eiweißarten ist unerschöpflich und vielgestaltig. So führen Sie mit einer abwechslungsreichen, naturbelassenen Ernährung dem Organismus vollwertiges Eiweiß in ausreichendem Maß zu.

- Wenn Sie Ihren Organismus mit naturbelassener Ernährung versorgen, fühlen Sie sich nicht nur körperlich, sondern auch geistig wohl. Der Hunger wird Sie nicht plagen, weil Ihr Organismus zufrieden ist mit einer Ernährung, die er wirklich braucht. Nur so können Sie Ihr Gewicht auf natürliche Weise dauerhaft halten oder reduzieren.

● Die natürliche Ernährungslehre berücksichtigt bei der Menüzusammenstellung das Säuren-Basen-Gleichgewicht, wobei sie säurenüberschüssige von basenüberschüssigen Lebensmitteln trennt. Es wurde nachgewiesen, daß die Übersäuerung im Organismus zu Verschlackung führt und Wegbereiter zahlreicher Zivilisationskrankheiten ist. Bei der Menüzusammenstellung soll daher ein ausgewogenes Verhältnis bestehen, denn wenn ein gesunder Organismus alle notwendigen Nähr- und Wirkstoffe zur Verfügung hat, dann laufen auch alle Stoffwechselvorgänge richtig ab.

Säurebildner: Fleisch, Fleischbrühe, Fisch, Wurst, Hühnereiweiß.
Pasteurisierte Milchprodukte: Milch, Rahm, Butter, Käse, Quark, Joghurt, Kefir.
Bohnenkaffee, schwarzer Tee, Schokolade, Kakao, Alkohol.
Fabrikzucker, Honig.
Auszugsmehl, Vollkornmehl, Grieß, Hafer, Gerste, Roggen, Weizen, Reis, Mais.
Brot und Backwaren, Teigwaren (auch Vollkorn).
Raffinierte Öle und Fette.

Basenbildner: Hühnereigelb.
Nicht pasteurisierte Milchprodukte: Milch, Rahm, Käse.
Kräutertee.
Getreide: Hirse, Buchweizen, und *alle* gekeimten Getreide.
Kaltgepreßte pflanzliche Öle und Fette (Säuren-Basen-Gleichgewicht).
Sojabohnen. Alle rohen Gemüse und Salate. Kartoffeln, Früchte.

- Ein Prinzip der natürlichen Ernährungslehre heißt: »Roh essen, was roh verzehrbar ist.« Das gilt besonders für Gemüse. Blumenkohl, Karotten, Rote Bete, Sellerie, Weiß- und Rotkraut, Zucchini, Erbsen, alle Gemüse der Saison sind roh am wertvollsten für den Organismus.

- Gewöhnen Sie sich an, für den täglichen Gebrauch in der Küche kein Auszugsmehl zu verwenden, sondern Voll- kornmehl. Das beste Mehl stellen Sie selbst aus dem vollen Getreidekorn her, indem Sie es vor Gebrauch mahlen. Die Getreidemühle ist ein wichtiges Requisit der naturgesun- den Küche. Wichtig ist, das Getreide erst kurz vor der Ver- wendung zu mahlen, weil beim längeren Stehenlassen der Getreidemehle durch die Sauerstoffeinwirkung ein Abbau der Vitalstoffe eintritt.
Besorgen Sie sich im Reformhaus oder beim Bauern das volle Korn. Etwa Sprießkornweizen (Saatweizen), Roggen, Hefe, Gerste, Hirse, je nachdem, was Sie zubereiten wol- len. Staubfein gemahlen verwenden Sie das Weizenmehl für Back- und Teigwaren, aus grob gemahlenem Vollge- treide backt man herrliche Brote und Brötchen, grob ge- mahlenes Weizenmehl ist ein vorzüglicher Ersatz für Pa- niermehl (Semmelbrösel).

- Alle Ernährungswissenschaftler empfehlen täglich eine kleine Schale Frischkornbrei zu essen. Dieser Brei sollte nicht aus Teilen des Korns zubereitet werden, wie etwa nur dem Weizenkeim oder der Kleie, sondern aus dem ganzen Korn, das frisch geschrotet wird. In seiner perfekten biolo- gischen Einheit ist das ganze Korn der Garant für die Ver- sorgung des Organismus mit lebenswichtigen Vitalstoffen. Wer auf natürliche Weise abnehmen möchte, wer unter Verstopfung leidet, wer gesund und vital bleiben will, sollte das Rezept der Ernährungswissenschaft befolgen.

- Sie werden bald feststellen, wie gut Ihnen das tägliche Frühstücksmüsli aus frischem Getreide tut. Es schmeckt nicht nur vorzüglich, sondern ist auch ein natürlicher Appetitzügler, weil es viele Stoffe enthält, die Ihr Organismus braucht; noch Stunden nach dem Frühstück werden Sie sich nicht hungrig fühlen. Es ist nur eine Sache der Gewohnheit, das Getreide für das Frühstücksmüsli jeweils am Vortag anzusetzen; in kürzester Zeit wird es Ihnen zur Selbstverständlichkeit geworden sein. Im übrigen bin ich der Ansicht, daß es weniger Arbeit macht, für eine Familie täglich eine Schale Frühstücksmüsli zuzubereiten, als gebratenen Speck, Eier, Brötchen, Käse und Wurst anzurichten. Wem das süße Frühstücksmüsli nicht schmeckt, kann das frisch geschrotete Getreide mit Kräutern und feingewiegten Zwiebeln zubereiten.

Vom Wert der Getreide:

Weizen: Es heißt, daß wir uns in Hunger- und Krisenzeiten von drei Eßlöffel Weizen am Tag ernähren könnten, da das Weizenkorn in seiner Naturvielfalt alle wichtigen Nährstoffe enthält. Mineralien, Vitamine, vor allem Vitamin E und B-Vitamine, Kieselsäure und das hochwertige Weizenkeimöl. Frisch geschrotet gehört der Weizen zu den bevorzugten Getreiden fürs Müsli.

Dinkel: Älter als der Weizen gehört der Dinkel zu den Urernährungsmitteln der Menschheit. Über Nacht in Wasser eingeweicht sind die Dinkelkörner am nächsten Tag rasch weich zu kochen; sie passen in Suppen, Gemüse, Saucen und Salate. Vom Dinkel wird gesagt, er stärke die Körperkraft und vor allem die Konzentrationsfähigkeit.

Gerste: Reich an Vitaminen und Mineralien gehört die Gerste zu den Getreiden für schöne Haut und gesundes Haar. Bei Magen- und Darmschwäche, Leberbeschwerden und bei Arteriosklerose wird das Getreide empfohlen.

Hirse: Schon 100 g Hirse decken den Tagesbedarf eines Erwachsenen an Eisen, Fluor, Phosphor und Kieselsäure. Für Haut und Haar, für die Sehkraft, Gelenke und Blutgefäße ist der tägliche Hirsebrei Medizin und Schönheitsmittel zugleich.

Hafer: Das weiche Getreide ist frisch geschrotet und ohne Vorweichen rasch für eine Mahlzeit zubereitet. Der warme Haferbrei ist nicht nur gut für den Magen, auch bei Herz- und Kreislaufproblemen wird er empfohlen.

Frischkornbrei nach Dr. Bruker

Der Frischkornbrei nach Dr. Bruker besteht aus einer Mischung von Roggen und Weizen oder aus einer Mischung von Roggen, Weizen, Gerste, Hafer und Hirse, wie sie in Waerlands »Kruska« zusammengestellt ist. Diese Mischung gibt es im Reformhaus. Pro Person werden 3 Eßlöffel der Getreidemischung in der Getreidemühle grob geschrotet. Das gemahlene Getreide wird mit frischem kalten Leitungswasser zu einem Brei gerührt und über Nacht stehengelassen. Knapp vor dem Frühstück wird der Brei mit geriebenen Nüssen, frischem Obst, Sahne und Bienenhonig vermischt.

Quellweizen nach Dr. Babor

1 Teetasse Weizenkörner (Sprießkornweizen) wird in einem kleinen Kochtopf mit 3 bis 4 Tassen heißem Wasser übergossen. Um innerhalb von 24 bis 36 Stunden die Totalquellung zu erreichen und die Wirkstoffe dabei nicht zu schädigen, muß man den im Wasser angesetzten Weizen immer wieder leicht erwärmen. Man kann ihn auf die eben eingeschaltete Kochplatte stellen, aber die Erwärmung darf 70

Grad nicht überschreiten. Durch wiederholtes Erwärmen quillt der Weizen und steigt hoch. Wenn der Biß des Korns weich wird und der Stärkegeschmack verschwindet, ist der Quellweizen eßbar. Das Wasser wird abgeschüttet und der Quellweizen mit Honig und Zitronensaft vermischt.

Nach Dr. Babors Rezept kann man sich einen kleinen Vorrat an gequollenem Weizen zubereiten, das Wasser abschütten und den Weizen einige Tage im Kühlschrank aufbewahren.

Sprießkornfrühstück nach Dr. Evers

3 Eßlöffel Roggen oder Weizen werden über Nacht in frischem kalten Wasser eingeweicht. Roggen und Weizen sollten stets getrennt voneinander zum Keimen aufgestellt werden, weil die beiden Getreidearten unterschiedlich lange Keimzeiten haben.

Am Morgen werden die Körner in einem Sieb mit frischem Wasser gespült. Tagsüber bleiben sie trocken bei Zimmertemperatur stehen. In der zweiten Nacht bleiben sie erneut im Wasser stehen, am nächsten Morgen wird wieder gespült. Diesen Vorgang wiederholt man etwa drei Tage, bis die Körner keimen. Wenn die Keimlinge etwa drei Millimeter lang sind, wird der Sprießkornbrei mit Nüssen, Sahne, Honig und frischem Obst zubereitet.

Vollkornmüsli mit Früchten

Ca. 60 g Getreide nach Wahl grob schroten. Mit etwas kaltem Wasser zu einem Brei verrühren und über Nacht stehenlassen. Am nächsten Morgen zum Frühstück mit frischem Obst der Jahreszeit oder Apfelscheiben, Bananen,

einem Spritzer Zitronensaft, etwas Milch, Honig, Sonnenblu-
menkernen, Leinsamen, gehackten Nüssen vermischen.

Vollkornmüsli mit Kräutern

1 Tasse Weizenkörner grob mahlen. Mit etwas kaltem Wasser
zu einem Brei rühren und über Nacht stehenlassen. Für das
Frühstück mit feingehackter Zwiebel, frischem Zwiebelgrün
oder gehacktem Schnittlauch, Petersilie, etwas Kümmel, ein
klein wenig Öl und einer Prise Meersalz zubereiten.

Neues Körpergefühl
durch Bewegung

Wieso ist es möglich, daß wir auf den ersten Blick einen jungen Menschen von einem älteren schon auf weite Entfernung unterscheiden können? Charakteristische Merkmale wie Haltung, Figur und Gangart, sowie die Gesamtheit der Bewegungsabläufe lassen das Alter eines Menschen erkennen. Die Bewegungen älterer Menschen sind langsamer und weniger elastisch als die junger Leute, und die Gestik ist weniger lebhaft. Typisch für die Haltung älterer Menschen ist sehr oft der eingezogene Hals, die nach vorne gebeugten Schultern, die eingefallene Brust, die weit gefestigte Rückensilhouette, die Schlaffheit der Arme, des Bauchs und des Popos. Bei älteren wie bei jüngeren Menschen zeigt sich der Mangel an innerer Aktivität vor allem in der Haltung, das bedeutet, daß die Art der Bewegung die gegenwärtige seelische Verfassung zum Ausdruck bringt. Niedergeschlagenheit, Depression, Nervosität, innere Passivität zeigen sich in unseren Bewegungsabläufen ebenso wie Vitalität, Energie, geistige und körperliche Regsamkeit.

Wer sich passiv, matt und mühe fühlt, findet die Gründe dafür vielleicht in Arbeitsüberlastung, im Mangel an körperlicher Betätigung, in inneren Konfliktsituationen. Doch all diese Belastungen sind nicht allein durch tiefschürfende Analysen zu lösen. Der Geist und der Körper sind als Einheit untrennbar miteinander verbunden, und so wirkt sich auch der Einfluß eines schlechten körperlichen Zustandes auf die geistige Verfassung des Menschen aus. Oft wird geglaubt, daß unser Geist mit unserem Körper nichts zu tun hat und daß wir unseren Verstand unabhängig von unserem Körpergefühl in Bewegung halten können. Wie aber kann sich Vitalität in unserem Geist durchsetzen, wenn der Körper schlaff und unbeweglich ist?

Manche Frauen denken vor allem der Urlaub sei der richtige Zeitpunkt, den Körper zu trainieren, und dann strapazieren sie ihren Organismus instinktlos auf dem Trimm-dich-Pfad oder mit anderen gewalttätigen Fitneßprogrammen. Statt den Körper langsam und regelmäßig an mehr Bewegung zu gewöhnen und dieses Training täglich durchzuführen, wird die sogenannte Sportlichkeit als zwanghafte Aktivität betrieben. Hier soll jedoch nicht von unsensibler Ertüchtigung die Rede sein, sondern vielmehr von der Fähigkeit, sich zu verändern, das natürliche Körpergefühl durch Bewegung wiederzuentdecken und Körper und Geist in harmonischer Balance zu halten. Körperliche Bewegungsübungen bringen nur dann Erfolg, wenn sie unsere Verkrampfungen und Verspannungen lösen können. Der Bewegungsrhythmus soll die ganze Person ergreifen, das bedeutet, daß jeder Mensch sein eigenes ideales Bewegungsprogramm entwickeln sollte.

In der Altersforschung ist man der Meinung, daß jeder Mensch, der in guter Form altern will, seinem individuellen Bewegungsplan folgen sollte. Der amerikanische Gerontologe Dr. Joseph Hrachovec ist überzeugt, daß regelmäßige Gymnastikübungen die beste Medizin gegen das Altwerden sind, denn die Übungen lösen unter anderem auch chemisch-hormonelle Prozesse im Organismus aus, die Antialter-Effekte auf das Gehirn wie auch auf den Körper haben. Nun werden Sie vielleicht einwenden, Ihr Beruf erfordere von Ihnen so viel körperliche Bewegung, daß ein eigenes Bewegungsprogramm für Sie überflüssig ist. Eine vielbeschäftigte Hausfrau – um ein typisches Beispiel anzuführen – mag früh am Morgen aufstehen, ihre Familie versorgen, das Haus reinigen, zum Einkaufen gehen, einem Treffen beiwohnen, Abendessen kochen, ihre Kinder herumchauffieren und schließlich todmüde ins Bett sinken. Sie war zwar den ganzen Tag aktiv und auf den Beinen, aber sie hat ihren Bewegungsablauf nicht bewußt und kontinuierlich verfolgt, sondern nur eine unendliche Vielzahl von Bewegungen absolviert. Es wird häufig die Ansicht vertreten, daß Hausfrauen, die den ganzen Tag auf Trab sind, eine auffallend besser trainierte Figur haben als Frauen, die ihren Beruf hauptsächlich im Sitzen ausüben. Wir wissen aber, daß dies nicht stimmt. Allerdings sind Menschen, die bedingt durch ihren Beruf zuwenig Bewegung haben, anfälliger für Herzkrankheiten und Durchblutungsstörungen. Wenn ein Teil des Körpers nicht regelmäßig aktiviert wird, verliert er seine Kraft. Über den Zusammenhang zwischen Herzerkrankungen und Bewegungen wurde viel geforscht, und die Ergebnisse zeigen, daß die richtige Art von Bewegung viele Herzerkrankungen verhindern kann. Herzfunktionsstärkende Bewegungsübungen verlangen keine körperlichen Höchstleistungen, sondern gleichmäßige, konstante körperliche Anstrengung. Neben der guten Wirkung auf die Herztätigkeit verhelfen maßvolle Bewegungsübungen zu einer Reduzierung der Gelenkversteifung, zu nachlassender Erschöpfung, zur besseren Durchblutung des gesamten Organismus, zur Dehnung der Lungen durch intensivere Atmung, zu mehr Beweglichkeit für Körper und Geist.

In diesem Zusammenhang muß auch über den Übungswert bestimmter Sportarten gesprochen werden, denn wir sollten nicht glauben, daß jede Sportart unbedingt segensreich für den Organismus ist. Das Schlüsselwort für alle sportlichen Betätigungen in nicht mehr ganz junge Jahren heißt Maßhalten. Es wäre eher schädigend, plötzlich mit anstrengenden Turnübungen zu beginnen, wenn Sie früher niemals Gymnastik betrieben haben. Besser gewöhnt man den

Organismus an mehr Leistung durch intensives Gehen, Schwimmen oder Radfahren. Kegelsport ist nicht unbedingt zu empfehlen, weil die Bewegung immer wieder unterbrochen wird. Golf ist nur dann gut, wenn die Golfrunde zu Fuß und nicht im elektrischen Caddywagen absolviert wird, weil dabei die kontinuierliche Körperbewegung unterbrochen wird. Tennis in nicht mehr ganz jungen Jahren ist nicht gesund für den Herzmuskel, weil es höchste Aktivität nur für kurze Augenblicke verlangt und man nicht kontinuierlich in gleicher Aktivität bleiben kann. Skilaufen wird von Experten dann für gut befunden, wenn der Anstieg auf den Berg zu Fuß bewältigt wird und sich der Organismus dadurch an die Höhenunterschiede gewöhnen kann.

Atmen

Daß in der richtigen Atmung der geheime Schlüssel für die Erhaltung der Gesundheit, der Schönheit und des Wohlbefindens liegt, ist nur wenigen Menschen wirklich bewußt. Immer wieder stellen wird fest, daß die Atmung vieler nicht tief genug ist, da sie häufig nur bis in den oberen Brustraum oder bis in die Bauchregion reicht. Doch die heilwirksame Tiefenatmung sollte den gesamten menschlichen Körper in allen Teilen erfassen, ihn ganz und gar durchdringen und sich daher bis in die Fingerspitzen und bis zu den Zehen ausdehnen, so daß es keinen Punkt gibt, wohin der Atem nicht gelangt. Die Tiefenatmung vermehrt den Sauerstoff im Blut, sie regt die Blutzirkulation an, sie fördert die Sauerstoffzufuhr im Gehirn und sie wirkt heilend auf das gesamte Nervensystem. Zu flache, unausgedehnte Atmung verursacht Streß, körperliche und seelisch-geistige Depressionen, Abgeschlagenheit, Teilnahmslosigkeit, mangelnde Vitalität und reduziertes Aufnahmevermögen.

Wichtig ist die Tiefenatmung auch für die Entgiftung, nicht nur für die des Körpers, sondern auch der Gedanken, der falschen Einschätzungen und Vorstellungen. Mit jedem Ausatmen vollzieht sich ein Prozeß des Gehenlassens. Wir können lernen bewußt auszuatmen, uns vorzustellen, mit jedem Ausatmen ein Gehenlassen zu verbinden. Alte Programme, Ängste, Leiden und Gifte sollten wir auf diese Weise mit dem Atem von uns wegschicken und mit dem Einatmen bewußt dem Neuen Raum geben. Der Prozeß der Wandlung, der sich mit jedem Ein- und Ausatmen vollzieht, greift tief in unser körperliches und seelisch-geistiges Bewußtsein ein und beeinflußt unser Denken und Verhalten. Mit dem Einatmen durch die Nase nehmen wir Energie auf, die unseren gesamten Körper mit Lebenskraft durchdringt. Wir sollten uns klar sein, daß die Energie unserer Absicht folgt. Da wir mit der Atmung die Gedankenkraft schöpferisch lenken können, hilft unser Gewahrsein – sowohl beim Einatmen durch die Nase wie beim Ausatmen durch den Mund –, den Energiestrom bewußt zu führen. Stellen wir uns also vor und fühlen es mit dem gesamten Körper, wie die eingeatmete Luft durch den ganzen Körper bis in die Fußspitzen gelenkt wird. Beobachten wir die Atemenergie dann, wie sie sich wieder nach oben bewegt, um durch den Mund ausgeatmet zu werden.

Ein unschätzbar wichtiges Element des Gleichgewichts besteht darin, den Atem in den Füßen nicht nur zu fühlen, sondern auch die Energie zu spüren, mit der unsere Füße Erdkontakt herstellen. Dieser Naturkontakt mit der Erde hilft uns, mit dem Boden, auf dem wir gehen, verwurzelt zu werden. Wir gewinnen im wahrsten Sinne des Wortes Standhaftigkeit, und nicht jeder Windstoß des Lebens kann uns wie einen Baum entwurzeln und umwerfen. So sollte es uns eine liebe Gewohnheit werden, durch die Atmung in den Füßen den Erdkontakt zu fühlen. Wenn Sie sich nervös und gestreßt fühlen oder mit Entscheidungen konfrontiert sind, die Sie »umwerfend« finden, stellen Sie ganz bewußt durch die Atmung in den Füßen Erdkontakt her: Schließen Sie die Augen, atmen Sie tief durch die Nase ein, lassen Sie den Atem bis in die Füße dringen. Stellen Sie sich vor, Ihre Füße stünden nicht nur auf dem Boden, sondern tief in der weichen, sanften freundlichen Erde. Fühlen Sie, welche Kraft die Erde Ihnen schenkt. Nun führen Sie den Atem wieder nach oben und atmen durch den Mund aus. Stellen Sie sich beim Ausatmen vor, alle wie Gift wirkenden ungesunden, nervösen Vorstellungen gehen zu lassen. Wiederholen Sie die Übung dreimal. Fühlen Sie, wie Sie ruhig werden, in Ihre innere Mitte kommen und Ihre gesunden Entscheidungen aus dieser Mitte treffen.

Gehen

Es gibt kaum eine passendere Bewegungsübung für Leute im mittleren oder späteren Alter als das Gehen. Ihre beiden Beine können Sie fabelhaft in Form halten, wenn Sie sie richtig einsetzen. Überlegen Sie einmal was geschieht, wenn Sie kräftig ausschreiten, treppauf treppab laufen. Sie bewegen intensiv die gesamte Beinmuskulatur und auch die der Füße, so wie es die Natur vorgesehen hat. Und Hüften, Unterkörper sowie Rücken – und Arme profitieren von den Vorteilen der Bewegung. Das wichtigste jedoch ist, daß Ihr Herz gestärkt wird und durch die intensivierte Atmung Energie in unserem Körper gebildet wird. Vergessen wir nicht, daß Sauerstoff Nahrung für Körper und Geist ist. So sehr wir auch die gemütlichen Bummelspaziergänge durch Parkanlagen oder in der Stadt für die Entspannung schätzen, sollten wir doch auch dafür sorgen durch Bewegung ins Schwitzen zu kommen. Die tägliche Entgiftung des Körpers durch das

Schwitzen ist sehr wichtig und deshalb sollten wir jede Gelegenheit wahrnehmen, bewußt intensiver und mit etwas mehr Tempo zu gehen. Bietet sich die Gelegenheit, können wir das rasche Gehen in einen sachten Dauerlauf überleiten. Verwechseln Sie diesen lockeren Dauerlauf nicht mit überanstrengendem Jogging.

Das lebhafte Gehen verbessert die körperliche und geistige Energie und Bewegungsfähigkeit, es harmonisiert die Koordinationsfähigkeit des Körpers, es hilft gegen Ermüdungserscheinungen und Streßanfälligkeit. Auf natürliche Weise wird Ihnen das erfrischte Körpergefühl auch zu besserem Aussehen verhelfen, zu klarer, gut durchbluteter Haut und zu aufrechtem, lockerem Gang.

Radfahren

Das Radfahren ist eine vorzügliche Übung für nicht mehr ganz junge Menschen, wenn wir uns dabei keinen Gewalttouren unterziehen und das Gesetz des Maßhaltens beachten. Radfahren verlangt stetige und regelmäßige Bewegung des gesamten Körpers und intensiveres Atmen in frischer Luft. Spaß an der Bewegung und die Freude mit guter Laune auf dem Fahrrad zu sitzen, entspannt nicht nur den Körper, sondern ist auch ein Wundermittel fürs Gemüt. Für streßgeplagte Menschen ist das Radfahren eine gute, beruhigende Medizin, die sie die Überbewertung der Alltagssorgen ins richtige Maß bringen läßt.

Der berühmte amerikanische Herzspezialist Paul Dudley White fuhr mit achtzig Jahren noch Fahrrad. Er war der Meinung, daß das Radfahren die beste Medizin für das Herz, den Kreislauf und die Lungen ist. Wer auf dem Land lebt, wird viel häufiger ältere Leute auf dem Rad sehen als in der Stadt, und es ist deshalb ratsam für alle Menschen, die auf dem Land oder in grünen Vorstädten wohnen, kleine Besorgungen auf dem Fahrrad zu unternehmen. Wer sich in den Sommermonaten an das Radfahren gewöhnt hat, sollte die Übungen in den Wintermonaten nicht unterbrechen und auf das Zimmerfahrrad als Alternative umsteigen.

Entspannende Rhythmus-Gymnastik

1. Fenster öffnen. Flach auf den Boden legen. Beide Arme sind waagrecht ausgestreckt. Entspannt liegen und Augen schließen. Durch bewußtes rasches Einziehen der Bauchdecke Luft aus der Lunge »werfen«, das heißt, mit leicht geöffneten Lippen und einem deutlich vernehmbaren Schnaufen ausatmen. Dreimal wiederholen. Dann die Atmung zehn Sekunden anhalten und mit einem wohltuenden Seufzer der Entspannung ausatmen.

2. Entspannt mit ausgestreckten Armen auf dem Boden liegen. Beide Beine leicht anheben und mit den Fußgelenken kreisen. Dreimal nach rechts und dreimal nach links. Die Übung lockert die Fußgelenke und regt die Blutzirkulation an. Am Anfang der Übung mag es nicht leicht fallen, beide angehobenen Fußgelenke gleichzeitig kreisen zu lassen; in diesem Fall beginnen Sie die Übung jeweils mit einem angehobenen Bein.

3. Lage wie zuvor. Die gerade angehobenen, durchgestreckten Beine langsam weiter anheben, so daß sie in Senkrechtposition kommen und dann langsam senken. Dreimal sollten Sie diese Übung durchführen. Jedesmal, wenn Sie die Beine senken, atmen Sie tief aus, wenn Sie die Beine heben, atmen Sie ein. Führen Sie die Übung bewußt langsam aus.

4. Ausgangsposition wie zuvor; entspannte Rückenlage, Arme rechtwinklig vom Körper gestreckt. Ziehen Sie nun beide Knie gleichzeitig in Richtung Nabel. Dann strecken

Sie beide Beine gleichzeitig senkrecht nach oben aus. Dreimal wiederholen.

5. Ausgangsposition bleibt gleich. Mit einem Ruck die waagrecht ausgestreckten Arme und parallel ausgerichteten Fußspitzen in der Luft zusammenbringen und fünf Sekunden festhalten. Bei dieser Übung balanciert allein das Becken das Gleichgewicht. Dreimal wiederholen.

6. Nun kommt eine Übung zur Entspannung der Rückenmuskulatur. Hinsetzen und beide Beine rechtwinkelig so weit wie möglich ausstrecken. Mit der rechten Hand die linke Fußspitze berühren und mehrmals nachwippen. Dreimal wiederholen.

7. Legen Sie sich wieder auf den Boden und nehmen Sie eine sternförmige Haltung ein: Die Arme schräg nach oben vom Körper weggestreckt, die Beine sind weit gegrätscht. Aus dieser Grundhaltung heraus schieben Sie nun das Becken so weit Sie können nach oben und lassen Ihr Gewicht fest auf den Fersen, den Handinnenflächen und den Schultern ruhen. Bleiben Sie in dieser Position, bis Sie müde werden und merken, daß Sie die Spannung nicht mehr halten können. Dreimal wiederholen.

8. Nun kommt eine Lockerungsübung für die Schultergelenke. Aufrecht stehen, Beine möglichst geschlossen nebeneinander. Beide Arme waagrecht zur Seite ausstrecken und mit dem rechten Arm zehnmal einen großen Kreis beschreiben. Dabei in den Knien mitfedern. Danach bleibt der rechte Arm ausgestreckt und mit dem linken Arm werden zehn große Kreise beschrieben. Am Schluß der Übung werden mit beiden Armen gleichzeitig zehn große Kreise beschrieben.

9. Aufrecht und locker stehen. Jetzt kommen die unentbehrlichen Kniebeugen. Im Anschluß an jede Kniebeuge die abgewinkelten Ellbogen zweimal im Rücken aufeinan-

der zu bewegen und ein wenig nachwippen lassen. Zehnmal wiederholen.

10. Aufrecht stehen, die Füße etwa einen halben Meter auseinander. Die Arme gestreckt über dem Kopf zusammenführen und die Fingerspitzen gegeneinander drücken. Nun beginnt ein Rumpfkreisen, bei dem es wichtig ist, den richtigen Atemrhythmus zu finden. Der Oberkörper kreist gleichmäßig, einmal nach rechts, einmal nach links, wie es die tiefstmögliche Neigung nach allen Seiten hin zuläßt. Die Körperneigung soll jedoch nicht zu unterschiedlich sein, z. B. vorne viel tiefer als hinten. Die Übung sollte zu einer rhythmischen Schwingung führen, und wir führen sie so lange durch, bis die natürliche Schwingung nachläßt.

Individuelle Gymnastik

Die zuvor genannten Übungen geben uns ein gutes Beispiel, wie wir auf sanfte Weise ein gut koordiniertes Bewegungsprogramm durchführen können, ohne uns eine Art der Körperertüchtigung aufzuladen, die uns mehr verkrampft als daß sie uns physisch und psychisch lockert. Entspannende, stimmige Übungen vermitteln uns ein erfrischtes Körpergefühl, sie wecken neue Energien, die uns aktiver, lebendiger, unbefangener und freier machen.

Doch sollten wir nicht vergessen, daß jeder Mensch ein individuelles Wesen ist, und für sich selbst ein Bewegungsprogramm finden sollte, das den persönlichen Bedürfnissen und Neigungen am meisten entgegenkommt. Manche Frauen, vor allem wenn sie Haushalt und Kinder zu versorgen haben, sind den ganzen Tag auf den Beinen und werden für ihre Entspannung andere Übungen wohltuend finden als Frauen, die ihren Beruf vor allem in Sitzen ausführen. Problemen mit der Wirbelsäule, Hals- und Nackenmuskulatur müssen daher vorbeugend entgegengetreten werden. Auch sollte uns das individuell richtige Bewegungsprogramm wirklich Spaß machen, denn die zwar disziplinierte, aber lustlose Übungsstrategie wird uns niemals das schöne Wohlgefühl geben, welche die freudig ausgeführten Übungen auf physischer und psychischer Ebene vermitteln. Und schließlich werden es nur diese Übungen sein, die wir dann regelmäßig durchführen, weil wir ihren Nutzen nicht missen wollen.

Nun geht es also darum die individuell richtige Bewegungstherapie zu finden, um das eigene Körpergefühl optimal zu entwickeln, damit wir dauerhaften Erfolg damit haben. Viele Frauen besuchen regelmäßig Kurse für rhythmische Gymnastik, andere schätzen Jazzgymnastik, andere finden im Yoga die richtige Bewegung und erneuertes Körperbewußtsein. Die Übungen der »Fünf Tibeter« gehören für viele Menschen heute zum idealen Bewegungsprogramm, da diese Übungen besonders auf der psychischen Ebene sehr harmonisierend sind. Doch bei Problemen mit der Wirbelsäule sind manche Übungen der »Fünf Tibeter« weniger geeignet und müssen durch andere ersetzt werden. Wichtig ist also für uns verschiedene Methoden durchzuprobieren, damit wir die richtige Entscheidung treffen, welche für uns geeignet ist.

Der Schlaf

Ein ruhiges, harmonisches Leben, ausreichend Schlaf, richtige Atmung und gesunde Ernährung nennt die moderne Regenerationsforschung als die wichtigsten Voraussetzungen für Schönheit, Wohlbefinden und hohes Alter. Das klingt gut. Aber was soll man tun, wenn man gerne schlafen möchte und beim besten Willen nicht einschlafen kann? Und dann nur stundenweise schläft und immer wieder aufwacht? Nach mehreren Stunden tiefen Schlafs am Morgen erfrischt aufzuwachen, ist für Menschen, die unter Schlaflosigkeit leiden, ein Wunsch, den sie sich allzu gerne erfüllen würden, wenn sie nur wüßten wie. Die Schlafforschung liefert immer wieder neue Erkenntnisse, die es unter Schlaflosigkeit leidenden Menschen ermöglichen, zum natürlichen, gesunden Schlaf zu finden, und zwar ohne Schlaftabletten! Es wird nicht nur geforscht, *warum* wir schlafen, sondern auch, *wie* wir schlafen. Eine wichtige Erkenntnis ergab die Untersuchung über die verschiedenen Phasen des Schlafs. Man fand heraus, daß es eine Schlafphase gibt, in der wir die Augäpfel intensiv bewegen. Diese Phase nennt die Schlafforschung den REM-Schlaf (REM = Rapid-Eye-Movement). Der Schläfer bewegt seine Augäpfel so rasch, weil er träumt und den Vorgängen im Traum sozusagen mit den Augen folgt. Die REM-Phase wird durch den traumlosen Schlaf abgelöst, den man Non-REM-Sleep nennt. Beide Schlafphasen beeinflussen die Zellerneuerung des Körpers, sie laden quasi unsere Batterien auf. Es wurde nachgewiesen, daß in der traumlosen Schlafphase die Hormonproduktion und die fermentative Eiweißspaltung angeregt sind. Die fermentative Eiweißspaltung bewirkt in unserem Organismus die chemische Umwandlung von Eiweiß zu Peptiden und schließlich zu Aminosäuren. Diese sind – wie die Hormone – Bausteine des Lebens und für das Wohlbefinden zuständig. Weiter stellten die Schlafforscher fest, daß die Peptide in unserem Organismus eine chemische Vermittlerrolle spielen und über das Nervensystem die Schlafbereitschaft der Zellen steigern. Man konnte nachweisen, daß der Organismus auf diese Weise ein körpereigenes Sedativum bildet.

Das Wissen um die biochemischen Vorgänge im Organismus in Zusammenhang mit verschiedenen Phasen des Schlafs führte unter anderem zur negativen Beurteilung der Schlaftabletten. Selbstverständlich mag eine Schlaftablette in einer kritischen Situation, die Schlafstörungen verursacht, zwei oder drei Nächte nützlich sein, aber bestimmt nicht länger. Die Schlaftablette ist ein Hilfsmittel, aber kein Heilmittel, und der Mißbrauch von Schlaftabletten bringt auf die Dauer nicht nur keine Heilung der Schlafstörungen, sondern verursacht sogar noch Störungen im Schlaf. Die Schlaftabletten beeinflussen das Schlafgeschehen, sie stören die REM-Phase des Schlafs und behindern so die natürlichen biochemischen Vorgänge im Organismus. Die amerikanischen Schlafforscher Anthony und Joyce Kales stellten fest, daß unter Schlaflosigkeit leidende Patienten, die Schlaftabletten genommen hatten, zum Einschlafen genauso lange brauchten – und in der Nacht öfter aufwachten – wie andere Schlafgestörte, die ohne Tabletten schliefen. Außerdem war die REM-Phase der mit Tabletten schlafenden Patienten gestört, und sobald die Wirkung der Tabletten nachließ, wurden die Schläfer von unangenehmen, heftigen Träumen gequält.

Wenn nun die verschiedenen Schlafphasen ihre Auswirkungen auf unseren Stoffwechsel, und hier vor allem den Eiweißstoffwechsel, haben, so ist auch der Umkehrschluß zulässig: Stoffwechselstörungen können die Schlaflosigkeit bedingen, werden sie aber gewiß verschlimmern. Hier schließt sich der Kreis zur gesunden Ernährung, denn einen Teil der Aminosäuren nehmen wir mit der Nahrung auf, andere Aminosäuren bildet der Organismus aus dem ihm zugeführten pflanzlichen und tierischen Eiweiß. Englische Schlafforscher fanden heraus, daß kohlenhydratreiche und fettarme Mahlzeiten den Non-REM-Sleep reduzieren und die REM-Phase fördern. Andererseits verursachte Nahrung mit höherem Fett- und niedrigerem Kohlenhydratanteil mehr Traumgeschehen, ohne den Non-REM-Sleep zu beeinträchtigen. Ausgewogene Mahlzeiten bringen ausgewogene Schlafphasen. Einer der wichtigsten Ratschläge für Schlafgestörte ist also der, sich um eine ausgewogene Ernährung mit naturbelassenen Nahrungsmitteln zu bemühen. Ich halte es für denkbar, daß zwischen dem ständig steigenden Konsum von Schlaftabletten und der denaturierten Nahrung unserer Zeit ein unmittelbarer Zusammenhang besteht. Wie die Stoffwechselstörungen so zählen auch die Schlafstörungen zu den Zivilisationskrankheiten, bei denen die chemischen Vorgänge im Organismus aus dem Gleichgewicht sind.

Zuviel Streß, Anspannung und Lebensangst sind Begleiterscheinungen unserer Zivilisation, die Leistung, Konkurrenzdenken und Schnelligkeit verlangt. Wir können diese Anforderungen zwar nicht ganz ausschalten, aber lernen sie richtig zu bewerten. Viele Schlafgestörte sind nicht fähig, sich seelisch und körperlich zu entspannen und so die Problematik des Alltags abzuschütteln. Sie identifizieren sich mit den Problemen und gewinnen nicht den richtigen Abstand von ihren eigenen emotionalen Anhaftungen. Die Ängste führen zu geistigen und körperlichen Verkrampfungen, die sie hindern, Ruhe und Schlaf zu finden. Schließlich trägt nicht der Mißbrauch von Schlaftabletten dazu bei, die natürlichen geistigen und körperlichen Energiequellen zu stören, und dann bedarf es immer größerer Anstrengungen, die Ursachen der Schlafstörung durch nichtmedikamentöse Mittel wie autogenes Training, Yoga oder Meditation zu beseitigen.

Entspannung, mit der wir auch inneren Abstand gewinnen, läßt sich lernen. Wer verlernt hat, sich natürlich zu entspannen, kann durch gezielte Übungen dazu gelangen. Nehmen Sie sich jeden Abend vor, Körper und Geist zu entspannen, und denken Sie nicht darüber nach, ob sich der Schlaf einstellt oder nicht. Der größte Feind des Schlafs ist die Angst, nicht einschlafen zu können. Konzentrieren Sie sich deshalb auf die Entspannung und nicht auf den Schlaf. Ein kurzes, warmes Bad vor dem Schlafengehen wird von vielen Schlafexperten empfohlen, um die Muskulatur zu lockern. Der nächste Schritt der Übungen besteht darin, durch Tiefenatmung den Verstand, Willen und Körper an das »Loslassen« zu gewöhnen und auf diese Weise emotionale Spannungen zu lösen. Die natürliche und einzig richtige Tiefenatmung ist zwar jedem Menschen angeboren, aber bei vielen Menschen, die von unkontrollierbaren Ängsten geplagt sind, verlagert sich die natürliche Tiefenatmung zur oberflächlichen Lungenatmung. Die Tiefenatmung reicht nicht nur bis in die Lungen, sondern führt über die Mitte des menschlichen Körpers bis in die Fußspitzen.

Den Übungen für Tiefenatmung folgen weitere Entspannungsübungen für die Muskeln und das Nervensystem. Sie befreien von Nervosität, bauen körperliche und geistige Energien auf, helfen bei Überanstrengung, Herzbeschwerden und hohem Blutdruck und vermitteln damit den Weg zu einem guten Schlaf.

Entspannungsübungen

1. Legen Sie sich flach auf den Rücken, ohne Kopfkissen. Die Beine sind leicht gespreizt, die Arme liegen locker an den Körperseiten, die Hände sind geöffnet. Schließen Sie die Augen.

2. Durch die Nase einatmen. Führen Sie den Atem bewußt bis in die Zehenspitzen. Dann leiten Sie den Atem von den Zehenspitzen bis zum Mund und atmen langsam aus. Dreimal wiederholen. Nehmen Sie den Atem als Träger ihrer Gedanken und legen Sie beim Ausatmen die Absicht zugrunde gehenzulassen, was ihre Ruhe beeinträchtigt: Ängste, falsche Vorstellungen, Befürchtungen und überbewertete Probleme.

3. Strecken Sie langsam Ihre Zehen von sich, ohne die Füße zu heben. Strecken Sie die Zehen so weit wie möglich aus, als wollten Sie ein fernes Ziel erreichen. Fünf Sekunden verharren, dann entspannen.

4. Nun werden Knöchel, Waden, Knie, Schenkel und Bauchmuskulatur entspannt. Beginnen Sie mit den Fersen, die Sie gleichzeitig einige Zentimeter vom Boden anheben. Heben Sie nur die Fersen, nicht die Beine. Drücken Sie während dieser Übung die Kniekehlen fest nieder, und verharren Sie in dieser Lage fünf Sekunden; entspannen.

5. Einatmen durch die Nase, bis in die Zehen. Fünf Sekunden verharren. Beim Ausatmen durch die geöffneten Lippen ziehen Sie den Bauch so weit wie möglich ein und drücken ihn fest nach innen. Fünf Sekunden verharren.

6. Strecken Sie die Brust heraus, während Sie ein Hohlkreuz machen. Bei dieser Übung sollten Sie darauf achten, daß Ihre Schultern ruhig liegen bleiben; stützen Sie sich auch nicht mit den Schultern ab. Mit gestrecktem Hohlkreuz fünf Sekunden verharren.

7. Machen Sie eine Faust. Führen Sie die Arme am Boden entlang langsam im Halbkreis nach oben, bis sie parallel mit dem Kopf liegen. Strecken Sie die Arme weit aus, einige Zentimeter vom Boden entfernt. Die Hände öffnen und die Finger ausstrecken. Verharren Sie mit den leicht gehobenen, gestreckten Armen und Fingern fünf Sekunden. Dann entspannen und die Arme sinken lassen. Bewußt ausatmen.
8. Bringen Sie die Arme in ihre ursprüngliche Lage zurück. Ziehen Sie die Schulterblätter gegeneinander. Fünf Sekunden verharren; entspannen.
9. Ziehen Sie die Schultern am Boden entlang, langsam hoch und immer höher, möglichst bis zu den Ohren. Fünf Sekunden verharren; entspannen. Bewußt ausatmen.
10. Bleiben Sie entspannt liegen. Schließen Sie die Augen, und ruhen Sie mindestens zehn Minuten mit geschlossenen Augen. Fühlen Sie sich vollkommen eins mit Ihrem entspannten Körper. Atmen Sie ruhig und gleichmäßig bis in die Zehen.

Die besten Ratschläge für guten Schlaf

- Wie viele Stunden Schlaf braucht der Mensch? In der Schlafforschung wurde festgestellt, daß das Schlafpensum individuell zu berechnen ist, denn es gibt Kurzschläfer und Langschläfer. Man sagt, die Kurzschläfer seien meist extrovertierte Menschen, die Langschläfer eher introvertierte. Die durchschnittliche Dauer des Schlafs sollte sieben bis acht Stunden währen. Länger sollten wir nicht schlafen, kürzer nur dann, wenn man kein Bedürfnis nach mehr Schlaf hat.
- Gewöhnen Sie sich an feste Zeiten für das Zubettgehen und

für das Aufstehen. Vor allem für Schlafgestörte ist dieser Ratschlag der Schlafforscher wichtig. Der Biorhythmus des Körpers wird gestört, wenn wir unregelmäßig leben.

- Mit zunehmendem Alter verändert jeder Mensch seine Schlafgewohnheiten. Es besteht kein Grund zur Besorgnis, wenn Sie früher aufwachen als sonst und auch früher zu Bett gehen. Ein kurzer Mittagsschlaf nach dem Essen und Schlafengehen vor elf Uhr am Abend pendelt sich bei vielen Menschen als angenehme – und auch aus dem Blickfeld der Schlafforschung richtige – Gewohnheit ein.

- Der amerikanische Schlafforscher Dr. Richard Bootsin hat ein sehr erfolgreiches Selbsthilfeprogramm für Schlafgestörte entwickelt. »Mein Programm«, sagt Dr. Bootsin, »sollte mehrere Wochen lang durchgehalten werden, auch wenn es am Anfang schwierig ist.« Hier sind seine sechs Regeln.

1. Gehen Sie nur ins Bett, wenn Sie wirklich müde sind.
2. Ihr Bett darf nur zum Schlafen da sein. (Sex ist erlaubt.)
3. Sollten Sie zwanzig Minuten nicht einschlafen können, gehen Sie aus dem Schlafzimmer. Lesen Sie, sehen Sie sich Fernsehen an, aber tragen Sie Ihre Sorgen in ein anderes Zimmer als das Schlafzimmer.
4. Gehen Sie zurück ins Bett, sobald Sie glauben, einschlafen zu können. Wenn Sie nach zwanzig Minuten wieder nicht eingeschlafen sind, wiederholen Sie Punkt drei. Falls es notwendig ist, geht das die ganze Nacht so weiter, bis Sie einschlafen.
5. Stellen Sie Ihren Wecker jeden Tag auf die gleiche Uhrzeit ein, und stehen Sie auf, wenn der Wecker klingelt, auch wenn Sie noch so müde sind. Am Wochenende sollten Sie nicht länger als eine Stunde zusätzlich schlafen.
6. Halten Sie während des Tages keinen Mittagsschlaf.

- Fast alle Menschen, die gut einschlafen können, sind – mehr oder weniger bewußt – an eine gewisse Routine vor dem Zubettgehen gewöhnt. Die Schlafbereitschaft ist an diese Routine gebunden, da sie eine unbewußte Aufforderung an den Organismus ist, sich nun bald auf den Schlaf einzustellen. Der eine liest im Bett noch ein paar Seiten in einem Buch oder ein, zwei Artikel in der Zeitung, der andere schreibt Tagebuch, löst ein Kreuzworträtsel, denkt noch ein wenig über den vergangenen Tag nach, nimmt vor dem Schlafengehen regelmäßig ein Bad oder trinkt im Bett noch ein Glas Milch.

- Schlafgestörte reagieren empfindlich auf Geräusche, auf Licht und andere Unannehmlichkeiten. Deshalb raten die Schlafforscher dazu, alle Störfaktoren auszuschalten. Das Schlafzimmer sollte ordentlich aufgeräumt sein; Fensterläden und dichte Vorhänge sollen das Zimmer vor Licht schützen; Lärm sollte durch schalldämmende Doppelfenster und Doppeltüren reduziert werden; die Temperatur im Schlafzimmer soll zwar kühl, aber nicht kalt und die Luft nicht zu trocken sein.

- Schwere Mahlzeiten vor dem Schlafengehen sollen wir immer meiden, auch wenn wir nicht unter Schlafstörungen leiden. Vollmilch, Quark, Trinkmolke, ein wenig Fisch und frisches Gemüse sollten statt schwer verdaulicher Wurst, Fleisch, schweren Saucen, Nudeln und Salaten auf den Tisch kommen. Starken Kaffee und Tee sollte man am Abend nicht mehr trinken, wenn man gut einschlafen will. Und Alkohol nur in geringen Mengen, etwa ein Glas Rotwein oder Bier. Wenig empfehlenswert sind Getränke wie Weißwein, Champagner, Kognak und Schnäpse.

- Der bekannte österreichische Kräuterpfarrer Hermann Josef Weidinger hat ein gutes Rezept für einen Brei zusammengestellt, den er bei Schlafstörungen empfiehlt. Diesen Brei sollte man täglich vor dem Schlafengehen essen.

Zutaten

2 Eßlöffel geriebene Haselnüsse
1 ½ Eßlöffel geriebener Sellerie
1 geriebener Apfel
1 Teelöffel Rohzucker
2 Teelöffel Waldhonig

Den frisch zubereiteten Brei mit ein wenig Rahm verrühren.

- Teemischungen aus Heilkräutern gegen nervöse Störungen und Schlaflosigkeit gibt es in Apotheken und Reformhäusern. Wer sich selbst eine Teemischung zusammenstellen will, nimmt zu gleichen Teilen Baldrianwurzeln, Anissamen, Fenchelwurzel, Kamillenblüten und Hopfenzapfen. Diese Teemischung ist seit altersher bewährt.

- Baldrian gehört zu den wirkungsvollsten Mitteln bei Schlafstörungen. Der aus den Wurzeln zubereitete Tee, die Tinktur oder das Baldrianöl regeneriert das Nervensystem und beeinflußt die Zirbeldrüse, welche viele Funktionen, sowohl physische wie psychische, steuert. In der Volksheilkunde trägt der Baldrian auch den Namen »Wegweiser zur Ordnung«, da er bei Übererregtheit, Verwirrung, Angstzuständen und Schlaflosigkeit auf körperlicher und geistiger Ebene die richtigen Wege weist.

- Ein weiteres bewährtes Mittel aus der Naturheilkunde ist das Melissenöl. Kräuterbäder mit den getrockneten Pflanzenteilen, die wir in ein Kräutersäckchen füllen und in die Badewanne hängen, sind ideal bei Schlaflosigkeit. Auch der »Klosterfrau Melissengeist«, innerlich eingenommen, ist ein vorzügliches Naturheilmittel bei Streß, da er krampflösende Eigenschaften hat und das Immunsystem stärkt.

- Zu den wirkungsvollsten Naturheilmitteln bei Schlafstörungen zählt auch das Nachtkerzenöl. Das aus den Blüten der Pflanze gewonnene Öl bekommen wir offen oder in

Kapseln in Apotheken und Reformhäusern. Das Nachtker-
zenöl ist ein natürlicher Heiler und ein ausgezeichnetes
Mittel nach Schockzuständen, nervlicher Überbelastung,
Streßlähmung und Angstzuständen.

- Wegen seiner krampflösenden Wirkungen wird in der
  Volksheilkunde auch der Kamillentee geschätzt. Früher
  wurde der Kamillentee als Sedativum bei nervösen, rast-
  losen, launischen und ungeduldigen Menschen verschrie-
  ben. Vor dem Schlafengehen ist der Tee ideal, und wir
  sollten eine Gewohnheit daraus machen, ihn regelmäßig
  zu trinken.

- **Aromalampe:** Eine zarte Duftverteilung im Schlafraum
  hilft der Beruhigung und fördert den Schlaf. Einige
  Tröpfchen des geeigneten Duftöls träufeln wir in die Was-
  serschale der Duftlampe, damit sich der aromatisierte
  Dampf, über das durch die Kerze erhitzte Wasser verteilen
  kann. Geeignete Duftnoten zur Beruhigung sind Jasmin,
  Melisse, Orangenblüten, Rose, Rosenholz, Vanille und
  Veilchen.

Problem Wechseljahre

Im Jahre 1913 erschien das zu seiner Zeit sehr populäre »Schönheitsbuch«, ein Ratgeberbuch der Schönheitspflege. Sein Autor, Dr. med. Merzbach, schrieb zu den Fragen der Wechseljahre: »Alt sein und älter werden ist ein gewaltiger Unterschied, der bei der Frau noch mehr ins Gewicht fällt als beim Manne; denn es gibt noch wirklich schöne, elegante und lebensfrische alte und ältere Herren, die mitunter in den Kreisen der Damen recht beliebt sind. Daß es in dieser Hinsicht um die alternde und alte Frau schlechter bestellt ist, liegt auf der Hand, denn der ältere und alte Herr hat das Paradies der Liebe noch immer offen und darf auch unbeschadet seiner weißen Haare in seine Hallen eintreten, während es sich den Frauen versperrt, wenn ihre Haare und ihr Aussehen jedes Leugnen der Jahre ausschließen und wenn auch die Künste der Kosmetik nur noch recht unvollkommen über die Dezennien hinwegtäuschen mögen. Die Frau erlischt in einem gewissen Alter, das aber wohl meist mit den Wechseljahren zusammenfallen dürfte, als Geschlechtswesen, das der Mann begehrt und wird infolgedessen von ihm gerade, für den sie sich schön macht und für den sie recht lange jung und begehrenswert zu bleiben versucht, aus dem Kreise seiner Sexualwünsche ausgeschaltet; und damit erst fühlt sie sich alt. Ihr Äußeres ist der Hauptteil ihrer Macht über den Mann, der ihr verlorengeht, wenn ihre Reize verlorengehen. Die quälende Furcht, jeder neue Tag könnte ein neues Stücklein abbröckeln von dem wankenden Bau ihrer Schönheit, hier eine

Falte, dort eine Runzel, schlechtes Morgenaussehen, schlaffe Züge in vorgerückter Abendstunde, Fettansatz und Ergrauen der Haare, das sind laute Signale, die die Frauen einschüchtern und sie ohne weise Wahl zu Mitteln aus einem falschen Jungbrunnen greifen lassen, der ihrer schwindenden Schönheit erst recht verderblich ist.«

Das waren die Ansichten von 1913, über die wir heute nur lachen müßten, gäbe es nicht auch heute viele Frauen, für die sich die Wechseljahre als Ende der Weiblichkeit darstellen, Frauen, die glauben, mit dem Ende der Gebärfähigkeit sei auch ihre Rolle als Frau und Partnerin in Frage gestellt. Und obwohl die Wissenschaft nachweisen konnte, daß die Frau bei gleichem kalendarischen Alter biologisch jünger ist als der Mann, überlassen viele Frauen kritiklos ihre ureigensten Angelegenheiten der Entscheidung des Mannes und erdulden stillschweigend sein Urteil, nach welchem sie als Sexualpartnerin nicht mehr interessant sind. Obwohl das Selbstwertgefühl dieser Frauen empfindlich getroffen wird, fügen sie sich der allgemeinen Ansicht, daß der ältere Mann noch immer reizvoller sei als die ältere Frau.

Klimakterium ist abgeleitet von dem griechischen Wort klimax, das heißt »Stufe«, und das Klimakterium wird als Lebensstufe angesehen, sowohl in geistiger wie in körperlicher Hinsicht. Der Irrtum vieler Frauen besteht allerdings darin, zu glauben, die Stufe ihrer Entwicklung führe von diesem Zeitpunkt an nach unten, ins Negative. Ihr schwindendes Selbstvertrauen hindert sie daran, die neue Stufe ihrer Entwicklung als Möglichkeit des Aufstiegs ins Positive, zu größerer Reife und voller Entfaltung ihrer Persönlichkeit anzuerkennen, und sie verweigern sich selbst die fruchtbaren Aussichten dieser Jahre.

Wie eine Frau die Wechseljahre erlebt, ist nicht nur von ihr persönlich abhängig, sondern auch von ihrer Stellung in Familie und Beruf, von ihrer Einstellung zum Leben, von ihren Beziehungen zum Nächsten, von den Vorstellungen, die sie sich im Laufe ihres Lebens über den Wert des Alters gemacht hat. Die Wienerin Christine Stromberger schrieb am Institut für Psychologie ihre Doktorarbeit über die Wechseljahre, und ihre Untersuchungen über das psychische Erleben der Frau in dieser Zeit ergaben die Zuordnung de Frauen zu Gruppen. »In jeder Frau vollziehen sich mit dem Eintritt in diese Phase ihres Lebens die gleichen körperlichen, sprich hormonellen, Veränderungen«, sagt Frau Stromberger, »und trotzdem sind für einen Teil der Frauen die Wechseljahre gekennzeichnet von starken seelischen und körperlichen Beschwerden, andere verspüren nur geringe oder gar keine Symptome, die ihr Leben in dieser Zeit besonders belasten würden.« So brachten Ihre Untersuchungen folgendes Ergebnis:

1. Frauen, die die typisch weibliche Geschlechterrolle, mit allen gesellschaftlichen Ansprüchen daran, in hohem Maß verinnerlicht haben, leiden an stärkeren Beschwerden in den Wechseljahren als solche Frauen, die ihre Identität nicht ausschließlich aus ihrem Dasein als Frau und Mutter beziehen.

2. Frauen, die lange Zeit ihres Lebens hindurch berufstätig waren oder es noch immer sind, leiden weniger unter den typischen Wechselsymptomen als nicht berufstätige Frauen. Wobei noch die Unterscheidung wichtig sein dürfte, ob die Berufstätigkeit eine vor allem ökonomische Notwendigkeit war oder ein echtes Berufsinteresse der Frau besteht.

3. Das soziale Milieu, die soziale Schicht beziehungsweise der Lebensstandard scheinen ein wichtiger Faktor dafür zu sein, in welchem körperlichen und seelischen Zustand eine Frau das Klimakterium erlebt; Frauen aus wirtschaftlich ärmeren Schichten leiden mehr unter den Wechseljahren als Frauen aus der Mittel- und Oberschicht, was

zum Teil auch auf die Rollen und Aufgaben, die sie zu erfüllen haben, zurückzuführen sein dürfte.

4. Frauen, die ihr Selbstwertgefühl vor allem aus der Tatsache, daß sie Kinder gebären können, bezogen haben, leiden nun – da ihre Reproduktionsfähigkeit zu Ende ist – eher an seelischen Problemen als Frauen, für die ihre Fähigkeit, Mutter zu werden, nicht so sehr im Vordergrund ihres Lebens stand.

Wenn wir uns überlegen, was die Natur mit den Wechseljahren eigentlich will, so kommen wir auf interessante gedankliche Überschneidungen mit diesen Untersuchungsergebnissen. Mit dem Beginn der Menstruation in den Pubertätsjahren des Mädchens kündigt sich das gebärfähige Alter an. Die junge Frau bekommt ihre Kinder und beschäftigt sich in den nächsten Jahren mit deren Erziehung und Fürsorge, mit deren Wachsen und Gedeihen. Flügge sind ihre Kinder nach der Idee der Natur dann, wenn die Mädchen das Pubertätsalter und die Menstruation erreicht haben, denn nun sieht die Natur schon die Zeugung der nächsten Generation vor. Und das heißt, daß der Mutter schon viel früher als durch den Eintritt der Wechseljahre andere Aufgaben als die der reinen Fortpflanzung zufallen. Erst mit Beginn der Wechseljahre zieht die Natur einen Schlußstrich im Hinblick auf die Fortpflanzung, und sie schützt damit nicht nur die Mutter, die eine schwierige Geburt zu erwarten hätte, sondern auch das Leben des Kindes. Helene Deutsch, eine Schülerin Freuds sagt dazu: »Die Frau hat ihre Bestimmung als Trägerin einer neuen Zukunft beendet und ihr natürliches Ende erreicht – den partiellen Tod als Dienerin der Spezies.«

Nun haben wir aus den Untersuchungen Christine Strombergers gesehen, daß jene Frauen besonders stark unter den Wechseljahren leiden, die ihr Selbstbewußtsein hauptsächlich aus der Tatsache bezogen, Mutter zu sein, und in ihrem Dasein als Mutter und Frau ihre volle Erfüllung fanden. Ganz bestimmt sieht die Natur die Erfüllung im Leben der Frau in der Geburt und im Großziehen der Kinder vor. Aber sie sieht sie nicht für das ganze Leben vor, der Zeitraum ist begrenzt; er soll nur eine bestimmte Zeit währen. Die Wechseljahre eröffnen eine Epoche im Leben, die in andere Richtungen weist.

Die moderne Psychoanalyse hat uns gezeigt, daß viele seelische und nervliche Beschwerden in den Wechseljahren davon abhängen, ob es gelingt, die Stufe der neuen Entwicklung positiv einzuschätzen. Das ist für viele Frauen nicht einfach, und die Bedeutung, die eine Frau den Wechseljahren beimißt, hängt auch von den kulturellen und sozialen Verhältnissen ab, in denen sie lebt. Das Ausbleiben der Monatsblutung wird in einem Kulturkreis, in dem die Rolle der Frau im wesentlichen auf das Gebären und Aufziehen von Kindern beschränkt ist, eine viel einschneidendere Bedeutung haben als in einer Gesellschaft, in der die mit der Fortpflanzung zusammenhängenden Fragen nur eines der vielen möglichen Aufgabengebiete einer Frau sein können. Auch werden es Frauen schwerer haben, deren eheliche oder andere sexuelle Beziehungen ihre Wertigkeit im sexuellen statt im menschlichen Bereich haben, Frauen, die sich als Sexobjekt verstehen und denen es nicht gelungen ist, Geist und Eros zu vereinen.

Es ist leicht gesagt, dem Leben neuen Sinn und Inhalt zu geben, sei eine gute Voraussetzung für die Reduzierung von Beschwerden in den Wechseljahren. Denn das bedeutet für viele Frauen, Konsequenzen zu ziehen, sich herauszulösen aus überkommenen kulturellen und sozialen Anpassungen, die ihnen bisher nützlich waren; Vorurteile zu durchschauen, Kräfte zu sammeln und ein neues Selbstwertgefühl zu entwickeln, das möglicherweise nicht mehr mit traditionellen Anschauungen in Einklang steht; aus festgefahrenem Rollenverhalten auszubrechen und einen Weg einzuschlagen, der möglicherweise unbequem, aber ehrlich gegenüber sich selbst und den anderen ist.

Mit neuen Aufgaben des Lebens werden wir uns nicht erst mit dem Eintritt der Wechseljahre beschäftigen. Daß wir älter werden und das Leben uns eine neue Sicht ermöglicht, das begreifen wir schon viel früher. Ab dem vierzigsten Lebensjahr sind wir innerlich darauf vorbereitet, nach neuen Aufgaben zu suchen, die uns auch in späteren Jahren noch Erfüllung geben. Klimax, die Stufe, kann nicht hinunterführen ins Negative, wenn wir an unserer Weiterentwicklung interessiert sind und dem neuen Lebensabschnitt positiv entgegensehen. Und interessant daran ist nicht nur eine psychische Veränderung, sondern auch eine physische: Positive Gefühle gegenüber dem Leben wirken sich körperlich aus, auf dem Weg über das Zwischenhirn und die Hypophyse wirken sie auf eine Harmonisierung der Tätigkeit der Hormondrüsen ein. Man kann daraus schließen, daß die Natur selbst ihre Medizin für die Wechseljahre produziert, aber nur dann, wenn wir diesen als Fortschritt in der persönlichen Weiterentwicklung akzeptieren. Erst dadurch kommt es zu einem Wohlbefinden, das um so weniger gestört werden kann, je tiefer die richtige Haltung in der eigenen Persönlichkeit verwurzelt ist.

Beschwerden der Wechseljahre und die besten Ratschläge

● Es ist ein weitverbreiteter Irrtum, die Wechseljahre als Krankheit anzusehen, die mit schweren Gesundheitsstörungen verbunden ist. Eingehende medizinische Untersuchungen zeigen vielmehr, daß Frauen, die schon immer ein labiles vegetatives Nervensystem hatten, die oft an Magendrücken, Kopfschmerzen, Herzklopfen oder Schwindel litten, nur etwa die Hälfte mit einer Zunahme ihrer Beschwerden rechnen mußten, während bei der anderen Hälfte alles beim alten blieb.

● Während des Klimateriums nimmt die Produktion der Östrogene ab, und es werden in größeren Mengen als früher männliche Hormone (Androgene) gebildet; diese zusätzlichen männlichen Hormone werden teilweise im Fettgewebe des Körpers wieder zu Östrogenen umgewandelt. So werden im Klimaterium die Eierstöcke zu einer »männlichen Drüse«, und das Fettgewebe wird zu einer »Drüse weiblicher Hormone«, wie die Ärzte Karin und Manfred Schmidt-Gollwitzer es formulierten. Hypophyse und Hypothalamus zeigen sich mit dem verringerten Östrogenangebot nicht zufrieden, das Schaltsystem muß neu programmiert werden. Dies dauert im Durchschnitt zwei bis sechs Jahre, und in dieser Zeit kommt es bei vielen Frauen zu den bekannten Symptomen der Wechseljahre.

● Ausgehend von der irrtümlichen Vorstellung, daß alle Beschwerden der Wechseljahre ausschließlich auf den Mangel an Östrogenen zurückzuführen sei, ergab sich fast zwangsläufig der Trugschluß, daß man alle Arten von Beschwerden dieser Jahre durch Östrogenzufuhr beseitigen und daneben eine regelrechte Verjüngung der Frau herbeiführen könne. Die Vorstellung, daß Östrogene verjüngend wirken, geht auf den lange zurückliegenden Optimismus aus dem Anfang der Hormon-Ära zurück. Heute glaubt kein Fachmann mehr an eine Verjüngung durch Hormone. Auch ist man mit ihrer Anwendung gegen Beschwerden der Wechseljahre sehr vorsichtig geworden, seit man weiß, daß die natürlichen hormonellen Veränderungen im Organismus durch unkontrollierte Hormonzufuhr empfindlich gestört werden können.

● Typische Beschwerden der Wechseljahre nur in den hormonellen Veränderungen des Körpers zu sehen, führt zu einer begrenzten Sichtweise des gesamten Komplexes und schließlich zu einer einseitigen medikamentösen Therapie. Es sind aus der Medizin zahlreiche Fälle bekannt, wo sich passive Frauen zu Hause von der Familie und von Freunden wegen ihrer Wechselbeschwerden allzusehr bedauern ließen. Als ihnen statt medikamentöser Therapie eine interessante berufliche Betätigung vorgeschlagen wurde, nahmen die Beschwerden ab und verschwanden, je mehr sich diese Frauen mit ihren neuen Aufgaben identifizierten, schließlich ganz.

- Beschwerden und Depressionen in den Wechseljahren führt man in Amerika auch auf das sogenannte empty-nest-syndrom zurück; das bedeutet, daß Frauen in dem Alter, in dem sie vom Klimakterium betroffen sind, auch mit anderen Ereignissen und Konflikten rechnen müssen. Zur Tatsache des Älterwerdens mit Einbußen äußerer Attraktivität kommen häufig Ereignisse wie das Flüggewerden der Kinder, die das Haus verlassen, und der Verlust des Partners. Diese Frauen fühlen sich überflüssig und erkennen, daß sie ihr Leben bisher hauptsächlich anderen – Mann, Familie, Kindern – gewidmet haben. Sie ziehen Bilanz und stellen fest, daß sie die Verwirklichung eigener Ideen und Pläne immer zurückgestellt haben und daß es jetzt zu spät für ihre Realisierung ist. Auf dem Hintergrund der Selbstverleugnung, an die sie sich gewöhnt haben, müssen sie nun nach dem eigentlichen Sinn des Selbst suchen. Solche Frauen brauchen viel freundschaftliche Unterstützung, um den Mut zu finden, ihr eigenes Leben neu anzufangen.

- Yoga und Meditation sind heilwirksame Methoden, um die neuen Anforderungen, nämlich die Aufmerksamkeit mehr nach innen statt nach außen zu richten, zu unterstützen. Auch helfen uns die Übungen der Stille zu mehr

Gelassenheit gegenüber physischen und psychischen Problemen. Werden die Konflikte durch bewußte Anstrengungen kontrolliert, vermeiden wir die emotionale Überbewertung, die häufig zu Depressionen und Stimmungsschwankungen führt.

- Die Furcht vor fortschreitender Osteoporose bringt viele Frauen dazu der Hormonbehandlung zuzustimmen. Die moderne Naturmedizin empfiehlt zur Vorbeugung für die unzureichende Bildung oder den Schwund der Knochensubstanz zahlreiche Alternativmittel. Daß beispielsweise in den warmen asiatischen Ländern Osteoporose eine unbekannte Krankheit ist, brachte die Erkenntnis mit Sonnenbestrahlung erfolgreich zu arbeiten. Hinzu kommt die Umstellung der Ernährung auf Vollwerternährung und vegetarische Kost, sowie erhöhte Zufuhr von Mineralien und Vitaminen und ein ausgewogenes Bewegungsprogramm. Übrigens geht die Entdeckung der Sonnenlichttherapie auf eine Frau zurück, die österreichische Malerin Regine Dapra, die damit ihre Krankheit ausheilen konnte.

- Sehen Sie sich nach geeigneter Lektüre um. Die Schweizer Expertin für Probleme der Wechseljahre Julia Onken hat auf diesem Gebiet hervorragende Erfahrungsberichte veröffentlicht. In den Selbsterfahrungsgruppen der Psychologin kommen alle mit den Wechseljahren verbundenen Probleme zur Sprache. Vermeiden Sie als Lektüre zu diesem Thema die als hilfreiche Sachbücher getarnten Hormonwerbeschriften der pharmazeutischen Industrie.

- Suchen Sie unter den Naturheilmitteln nach geeigneter Unterstützung. Ein vorzügliches Mittel bei Wechseljahrbeschwerden ist das Nachtkerzenöl, das wir in Reformhäusern und Apotheken bekommen. In Kombination dazu hat sich die Heilerde zur innerlichen Einnahme bewährt. Informieren Sie sich in der homöopathischen Praxis nach Naturheilmitteln, die speziell für Ihre physische und psychische Konstitution geeignet sind. Eine Pauschalempfehlung für Wechseljahrbeschwerden und geeignete homöopathische Mittel kann es nicht geben, da Ihre Gesamtkonstitution und Ihr Gesundheitszustand als Individuum berücksichtigt werden muß.

● Das erprobte Rezept gegen Wallungen in den Wechseljahren verdanke ich einer guten Freundin. Nachdem sie lange vergeblich versucht hatte, mit medizinischen Mitteln gegen die plötzlich aufsteigenden Hitzegefühle anzukämpfen, hatte sie Erfolg mit Kräutertee, von dem sie dreimal täglich eine Tasse trank. Schon nach kurzer Zeit ließen die Wallungen nach und hörten schließlich ganz auf. Hier ist das Rezept: 3 Eßlöffel Frauenmantelkraut, 2 Eßlöffel Ringelblumenblüten, 1 Eßlöffel Salbeiblätter auf ½ l kochendes Wasser. Den Teeaufguß zehn Minuten ziehen lassen und dann mit Zitronensaft und Bienenhonig verfeinern.

Die Organisation
der Zeit

Tage, Monate und Jahre, so scheint es, vergehen immer rascher, je älter man wird. Zu schnell ist das Jahr zu Ende, und zahlreiche Arbeiten, Pläne und Vorhaben, die man im vergangenen Jahr erledigen wollte, müssen auf die Zukunft verschoben werden. Es fehlte an Zeit, an Energie und an Geld für ihre Verwirklichung. Oder es mangelte an der Fähigkeit, die Zeit für bestimmte Dinge richtig einzuteilen, die körperlichen und geistigen Kräfte für wichtige Tätigkeiten zu mobilisieren, statt sie im täglichen Kleinkram zu verschleißen. Wie auch andere vielbeschäftigte Frauen müssen Sie Ihre Zeit gut organisieren, um die täglich anfallenden Arbeiten erledigen zu können. Die Aufgaben sind sehr verschiedenartig, und jede Sache erfordert von Ihnen eine andere Art der Konzentration. Seit Wochen liegt unbeantwortete Post auf Ihrem Schreibtisch, und da Sie keine langweilige Briefschreiberin sein wollen, braucht Ihr Geist Anregung, Elan und Mitteilungsfreude, um die Post so zu beantworten, wie Sie es sich wünschen. Außerdem wollten Sie die Kleiderschränke ausmustern, die Frühjahrspflanzen in den Garten setzen, für den Sprachkurs Vokabeln lernen und einen Pullover zu Ende stricken, die Speisekammer frisch anstreichen und endlich einmal chinesisch kochen. Für die eine Tätigkeit brauchen Sie Fantasie und Kreativität, für die andere Körperkraft, für die nächste sind Sie unter Zeitdruck und können nicht warten, bis sich der wünschenswerte Auftrieb einstellt, für andere Dinge mangelt es an Zeit oder an Geld, und neben allen Plänen für gewisse Neuerungen muß die tägliche Arbeit weiterlaufen. All das erfordert von den meisten Frauen, vor allem wenn sie im Beruf und im Haushalt gleichzeitig tätig sind, den kontinuierlichen Einsatz von geistiger Kraft und Vitalität. Es kommt also darauf an, sich richtig zu organisieren, wenn wir keine Kräfte mit etwas vergeuden wollen, das nichts wert ist. Viele Frauen haben das Idealbild einer imaginären Superfrau vor Augen, der sie nacheifern. Diese unrealistische Superfrau schafft alles und ist für jeden da, im Beruf steht sie ihren Mann, ihr Haushalt läuft wie am Schnürchen, sie kocht wie eine Drei-Sterne-Köchin, ihr Mann trägt sie auf Händen, sie sieht fabelhaft aus, ihre Kinder sind mustergültig erzogen. Mit diesem trügerischen Bild der Superfrau bemühen sich die wenig Klugen, diesem Ideal nahezukommen und stecken dadurch ihre Ziele falsch ab. Statt die Aufgaben in der Familie zu verteilen, nehmen sie alle Verantwortlichkeiten auf sich, um sich als Superfrau zu profilieren. Damit erziehen sie ihre Familie systematisch zur Bequemlichkeit, und schließlich bleibt wirklich alles an ihnen hängen. »Warum ist das Essen noch nicht fertig?« – »Warum ist mein Hemd noch nicht gebügelt?« – »Warum ist kein Bier im Kühlschrank?« Das sind Fragen an Hausfrauen, die es allen recht machen wollen, ohne zu bemerken, wie sie zum Dienstboten für die ganze Familie werden. Ihre Aufgaben und Arbeiten nehmen kein Ende, und sie fühlen sich miserabel, weil sie einfach nicht alles schaffen, was man von ihnen verlangt, was sie von sich selbst fordern, um eine Superfrau zu sein. Aber das falsche Idealbild und das Selbstbild klaffen zwangsläufig auseinander, angesichts der unrealistischen Ideale fühlen sie sich als Versagerinnen, und dann flüchten sie sich in die Resignation. Von sich selbst enttäuscht, beginnen nun die verhinderten Superfrauen, vor den scheinbar unüberwindlichen Aufgaben ihres Alltags zu kapitulieren und diesen oder jenen wichtigen Bereich ihres Lebens zu vernachlässigen. Vielleicht die Familie, den Ehemann, das Haus, die Freunde, die Garderobe und das Aussehen, das berufliche Fortkommen und die Weiterbildung, die geistige Entfaltung. Ihre Enttäuschung macht sie kraftlos, ihre Resignation unterbindet ihre Vitalität, und der verlorene Glaube an die sogenannten Ideale behindert ihre Fähigkeit, umzudenken und das Leben anders zu organisieren. So sollten wir uns darüber klar sein, daß falsche Idealvorstellungen bedrohlich für unser Fortkommen sind und daß die Superfrau, wie auch der Supermann, nur in Romanen existiert. Ähnlich wie im Kino, wo nur hübsche Menschen einander lieben, oder in Modezeitschriften, wo nur junge Schönheiten als ideale Trägerinnen der Mode zu sehen sind, werden wir umgeben von einer irreleitenden Scheinwelt, die falsche Idealrollen schafft.

Die gut funktionierende Organisation eines Haushalts beruht auf den gleichen Prinzipien wie ein gut organisierter Kleinbetrieb. Das bedeutet, daß der Arbeitsaufwand in einem adäquaten Verhältnis zum Ergebnis steht. Ein gut organisierter Alltag zeigt sich auch darin, daß man sich nicht mit unnötigen Aufgaben belastet, die nur Kraft und Zeit kosten und für unser Leben nicht wichtig sind. Das Geheimnis guter Organisation besteht darin, wichtige Dinge von unwichtigen zu unterscheiden. Das Ziel der Bemühungen ist es schließlich, über die Zeit klug zu verfügen, statt sie zum Tyrannen des täglichen Lebens zu machen.

So spielt die sinnvolle Arbeitseinteilung in einem gut organisierten Betrieb eine wichtige Rolle. Wenn sich eine Frau zum Dienstboten für die ganze Familie gemacht, und alle Verantwortung auf ihre Schultern geladen hat, wird es höchste Zeit, auch andere Mitglieder der Familie für häusliche Interessen zu mobilisieren. Begehen Sie bei Ihren Umerziehungsversuchen jedoch nicht den Fehler zu sagen: »Ich bin wirklich nicht mehr jung genug, um den Rasen zu mähen, das Auto zu waschen, den Einkaufskorb zu schleppen, das

Paket auf die Post zu bringen, stundenlang auf Ämtern anzustehen usw.« Es ist viel geschickter, Sie zeigen Ihrer Familie, daß Sie viel zu jung sind, um sich ausschließlich mit dem täglichen Kleinkram zu beschäftigen, da Sie noch andere, wichtigere Interessen haben. Melden Sie sich für einen Kurs an, der Ihre Aufmerksamkeit wieder auf andere Dinge richtet als nur auf das Wohlbefinden der Familie. Äußern Sie bestimmte Wünsche für die Zeit Ihrer Abwesenheit, Wünsche, die das Interesse der ganzen Familie betreffen, deren Erfüllung die Solidarität in der Familie wieder stärkt. Unter diesem Aspekt ist es für eine Frau, die vom täglichen Trott gelangweilt ist, sehr wichtig, mehr Zeit für ein kreatives Hobby und neues Lernen aufzubringen statt für den täglichen Hausputz. Die Befriedigung über ihre neue Aufgabe wird mehr Schwung und Vitalität in Ihre Familie bringen.

Auch die Einnahmen- und Ausgabenrechnung muß in einem gut organisierten Betrieb stimmen, wenn man richtig wirtschaftet und nicht bald den Konkurs anmelden muß. Finanzielle Sorgen können natürlich unverschuldet entstehen. Aber meistens tauchen sie auf, wenn mehr angeschafft wird, als man bezahlen kann, wenn man nicht lernen will, sich einzuschränken, und wenn man sich einbildet, ohne diese oder jene Anschaffung nicht leben zu können. Andere vertun ihr Geld nicht etwa durch große Anschaffungen, sondern durch ihren ständigen Einkaufszwang, durch zahllose, meist sinnlose Einkäufe, durch unkritisches, unüberlegtes Einkaufen, durch ihre Bequemlichkeit, Preisvergleiche zu treffen. Auch so kann das Geld unmerklich zwischen den Fingern zerrinnen; wenn wirklich eine größere Anschaffung fällig wird, müssen Schulden gemacht werden, und schon sind die Sorgen da. Was man in einem Betrieb als Investitionsrücklage bezeichnet, sollte für eine wirtschaftlich denkende Hausfrau noch immer ein gut verzinstes Sparkonto sein; es kann einem gewiß manche Sorgen ersparen.

Richtige Organisation hilft uns Zeit und Geld sparen. Man kann auch systematisch lernen, unwichtige Dinge von wichtigen zu unterscheiden; dazu braucht man seinem Gedächtnis nicht die Speicherungsfähigkeit eines endlos gefütterten Computers zuzumuten. Für diesen Zweck eignen sich Notizblocks sehr gut, wobei es in der Praxis nur darauf ankommt, die Eintragungen in den Notizblock so vorzunehmen, daß sie überschaubar sind.

Ich möchte Ihnen gerne mein eigenes Notizblocksystem vorstellen, das sich durch viele Jahre bewährt hat.

System für Notizblocks

Der Jahreskalender neben dem Telefon ist dazu bestimmt, die täglich anfallenden Daten und Termine aufzunehmen. Er sollte so aufgelegt sein, daß man während des Telefonierens mühelos Notizen machen kann, ohne sich dabei zu verrenken; auch soll der Kalender nicht selbständig zuklappen, was sich durch eine Halterungsklammer verhindern läßt. Praktisch sind Kalender mit Tages- und Stundeneindruck. Man schreibt neben die Uhrzeit den Termin für den Zahnarzt, für den Friseur, für Einladungen. Zahlungstermine beim Finanzamt, Termine bei Behörden und alle in der Zukunft liegenden Termine werden sofort in den Jahreskalender eingetragen, sobald sie bekannt sind. Das erspart die mühsame Suche nach irgendwo umherflatternden Notizzetteln oder Bescheiden, die auf unerforschte Weise immer verlorengehen.

● Das Notizblöckchen für Einkäufe liegt normalerweise in jeder Küche auf. Hier werden nicht nur Lebensmittel aufgeschrieben, die sich ihrem Ende zuneigen, ich notiere darin auch alle weiteren Besorgungen, die für den Haushalt zu tätigen sind, wie etwa für den Schuster, die Reinigung oder die Bank. Auch alle anderen Mitglieder der Familie notieren ihre Einkaufswünsche auf dem Küchenblock, und jedes Familienmitglied soll auch die zu Ende gehenden Vorräte in der Küche aufschreiben. Zum Einkaufen wird das Küchenblöckchen immer mitgenommen. Zu Hause werden nach dem Einkauf alle Posten, die erledigt sind, durchgestrichen. So sieht man beim nächsten Einkauf mit einem Blick, welche Posten unerledigt sind, und erspart damit das erneute Aufschreiben. Erst wenn alle Posten durchgestrichen sind, wird die Seite abgerissen.

- Neben unseren täglichen Erledigungen und Besorgungen gibt es zahlreiche Wünsche, Ideen und Vorstellungen für den Haushalt, für die Garderobe, für unser Steckenpferd, für unsere Freunde und Verwandten. Es sind Pläne und Ideen, die wir für die Zukunft haben. Etwa Anschaffungen, die längerer finanzieller Planung bedürfen, oder Ideen, die der Bereicherung irgendeiner Sache dienen. Sie faszinieren uns vielleicht nur für den Augenblick, und wir sind uns nicht sicher, ob die Idee den Tag überlebt, in Vergessenheit gerät oder ob sie würdig ist, realisiert zu werden. Da es schade ist um verlorengegangene gute Ideen, notiere ich die Gedanken in einem Notizbuch. Andere benutzen für eben diesen Zweck eine Pinnwand für Notizzettel. Ich bin jedoch der Meinung, daß das Notizheft im Vergleich zur Pinnwand Vorteile hat. Da das schmale Notizheft in jeder Handtasche Platz hat, kann man es immer mit sich führen, um etwa bei Einkäufen Preisvergleiche, Lieferadressen oder sonstige Informationen aufzuschreiben. Mit einer Sammlung von Pinnwandzetteln in der Tasche verlieren wir leicht die Übersicht.

Als Notizbuch verwende ich ein schmales Vokabelheft, dessen Seiten durch einen senkrechten Strich unterteilt sind. Auf der linken Seite notiere ich mir den Gedanken, die rechte Seite bleibt frei für Für-und-Wider-Argumente,

Bemerkungen und Informationen. Das Heft ist in mehrere Themenbereiche unterteilt, um eine gute Gesamtübersicht zu haben. Zuerst kommt das Thema »Haus und Garten«. Hier wird alles notiert, was auf lange Sicht getan werden sollte oder angeschafft werden muß, wenn sich eine günstige Gelegenheit dafür bietet oder die Anschaffung finanzielle Planung erfordert. Auch alle Dinge, die der Verschönerung des Haushalts dienen, werden notiert. Etwa ein bestimmtes Geschirr, Stoffservietten in einer besonderen Farbe, schöne Bilderrahmen, eben all jene Dinge, die man zu verändern wünscht und die sich nicht sofort einkaufen lassen, sondern geduldiges Suchen und Auswählen verlangen.

Die nächste Rubrik in meinem Notizbuch heißt »Garderobe«. Die Notizen dieses Abschnitts sind besonders kostensparend, denn sie bewahren vor all jenen sinnlosen Kleidungsstücken, die ohne Überlegung gekauft und nie getragen werden. In dieser Rubrik wird notiert, welche Accessoires der neuen Mode verwendbar sind, um ältere Kleidungsstücke aufzuputzen; welche Stücke der Grundgarderobe ausrangiert und ersetzt werden sollen; welche Kleidungsstücke oder Sportausrüstungen notwendig sind. Mit dieser Liste bewaffnet, widerstehe ich jeder Versuchung, unbrauchbare Kleidungsstücke einzukaufen.

Dann folgt in meinem Vokabelheft das Kapitel »Geschenk«. Ich habe es längst aufgegeben, einige Wochen vor Weihnachten oder einen Tag vor dem Geburtstag Geschenke zu besorgen. Das ganze Jahr über notiere ich mir die sich aus Gesprächen ergebenden Wünsche meiner Familie und Freunde und besorge die Geschenke dann, wenn sich die Gelegenheit dazu bietet. Auch Mitbringsel zu Einladungen bereiten mir kein unnötiges Kopfzerbrechen mehr, seit ich mir diese Notizen mache.

Zeitersparnis in Haushalt und Beruf

Einen Haushalt funktionstüchtig und zeitsparend zu führen, ist keine Großtat. Das Problem ist jedoch emotionsgeladen. Die einen betrachten Hausarbeit als würdelos und verschwenden keinen Gedanken an ihre Organisation, die anderen »opfern« sich für die Hausarbeit auf, manche sehen in der Hausarbeit ein unumgängliches Übel. Versuchen wir also von jenen Frauen etwas zu lernen, die eine realistische Haltung gegenüber der Hausarbeit gewonnen haben, die erwachsen genug sind, sich zu Hause weder als frustrierte Intellektuelle noch als beschränkte Hausmütterchen zu fühlen. Ihre Tips und Ratschläge für Zeitersparnis zielen letztlich darauf ab, mehr Zeit für die Förderung ihrer persönlichen Entwicklung zu finden und auch Zeit für Dinge, die ihnen mehr Spaß machen als Hausarbeit.

- Brigitte Neiss (42), Mutter von vier Kindern, schreibt derzeit ihre Doktorarbeit in Philosophie: »Ich habe mir abgewöhnt, die Pflichten der Hausfrau mit den Augen meiner Mutter zu sehen, und damit eine legere Einstellung dazu gefunden. Ich lege Wert auf ein aufgeräumtes Wohnzimmer, um jederzeit Gäste empfangen zu können. Die übrige Wohnung wird im Teamwork mit meinen Kindern geputzt und aufgeräumt, schwierigere Arbeiten werden mit Taschengeld entlohnt.«

- Nadine Stein (45), Mutter von zwei heranwachsenden Töchtern, Grundschullehrerin: »Es ist Unsinn zu glauben, man könne alle Hausarbeiten auf einmal und allein erledigen. Meine Töchter sind für ihre Zimmer selbst verantwortlich, mein Mann für alle Keller- und Abstellräume, für Garage und Garten.«

- Johanna Schwaiger (45), Mutter eines Sohnes in der Abiturklasse, Bankangestellte: »Ich arbeite lieber etwas mehr, damit ich mir eine Zugehfrau leisten kann. Sie kommt zweimal in der Woche, das reicht, um die Wohnung sauberzuhalten. Meinem Sohn überlasse ich mein Auto, damit er die täglichen Einkäufe erledigt.«

● Doris Ast (43), Mutter einer heranwachsenden Tochter, Hausfrau: »Der Beruf meines Mannes bringt zahlreiche gesellschaftliche Verpflichtungen mit sich. Eines Tages war ich der zeitraubenden Vorbereitungen für große Einladungen zum Abendessen müde. Nun veranstaltete ich regelmäßig zweimal im Monat ein Brunch am Sonntag vormittag und lade die unterschiedlichsten Leute dazu ein, auch die Freunde meiner Tochter. Ergebnis: Die Vorbereitungen sind weniger aufwendig, und die Unterhaltung ist lebendiger.«

● Maria Bauer (49), kinderlos, Halbtagskraft in einer Reinigung: »Ich habe mir einmal ausgerechnet, wie viele Stunden im Monat ich vor dem Fernsehapparat verbringe. Im Durchschnitt kamen etwa sechzig Stunden dabei heraus. Statt sechzig Stunden fernzusehen, beschäftige ich mich jetzt mit Bauernmalerei und fühle mich dabei wesentlich wohler als vor dem Fernsehapparat.«

● Hanni Mann (59), Mutter von drei verheirateten Kindern, Witwe und alleinlebend: »Man sollte glauben, eine Frau in meiner Situation hätte genug Zeit für alles. Mit vierzig Jahren habe ich damit begonnen, Modeschmuck zu entwerfen und selbst anzufertigen. Heute habe ich fast den ganzen Tag damit zu tun und bin froh, wenn ich die Zeit finde, mich meinen Enkelkindern zu widmen.«

● Eva Hartwich (39), kinderlos, Journalistin: »Meine wichtigste Erfahrung für Zeitersparnis? Ich habe gelernt, nein zu sagen. Nein zu Veranstaltungen, die mich nicht interessieren, nein zu Leuten, die ich nicht sehen will, nein zu Hausarbeiten, die sich verschieben lassen, nein zu allen Dingen, die Zeit rauben, ohne neue Entwicklungen zu bringen.«

- Rosemarie Klaubitz (40), Mutter einer zweijährigen Tochter, Hausfrau: »Einmal im Monat fahre ich zum Großmarkt und kaufe alle Haushaltswaren ein. Das spart mir Zeit mich meinen eigentlichen Interessen zu widmen. Um mein Kind ständig im Blickfeld zu haben, nehme ich den Laufstall mit in jedes Zimmer, in dem ich gerade zu tun habe.«

Tips für berufstätige Frauen

Berufstätige Frauen können sich kaum Zeitverschwendungen leisten, dazu ist ihr Tag einfach zu kurz. Hier sind einige gute Ratschläge berufstätiger Frauen für Zeitersparnis rund um die Uhr.

- Lisa Weiß, Werbeassistentin: »Während meiner Straßenbahnfahrt ins Büro notiere ich mir alle Dinge, die ich an diesem Tag erledigen muß. Mein schriftlicher Tagesplan verhilft mir zu einer besseren Übersicht und ich vermeide Streß.

- Helga Hofer, Übersetzerin: »Ich arbeite zu Hause, das erfordert die gleiche Disziplin wie Arbeit im Büro. Um mich bei der Arbeit nicht stören zu lassen, habe ich mir einen automatischen Telefonanrufbeantworter zugelegt und rufe erst dann alle Anrufer zurück, wenn meine Arbeit erledigt ist.«

- Margarete von Adrien, Büroleiterin: »Für Kunden mit denen ich laufend zu tun habe, lege ich eine Karteikarte an. Wenn ich darüber nachdenke, was ich mit ihnen besprechen muß, notiere ich sofort meine Gedanken auf der Karte und habe sie beim nächsten Besuch oder Anruf parat. Das erspart nicht nur Zeit, es schützt auch vor Vergeßlichkeit.«

- Anna Holzer, Beamtin: »Es ist Unsinn, wenn man Urlaub

nehmen muß, um zu Hause auf Handwerker zu warten, die dann vielleicht doch nicht kommen. Ich zahle einer Studentin aus der Nachbarschaft ein kleines Taschengeld, damit sie die Handwerker in Empfang nimmt und kleinere Besorgungen für mich erledigt.«

- Doris Rose, Kosmetikerin: »Frauen, die beim Einkauf ihrer Garderobe keine Zeit haben, Preisvergleiche zu treffen, verlieren Geld. Ich habe mit meinen liebsten Modegeschäften die Vereinbarung getroffen, eine Auswahl von Kleidern mit nach Hause nehmen zu können, um sie in aller Ruhe zu probieren und festzustellen, ob sie zu meiner übrigen Garderobe passen.«

- Inge Kraillmann, Modistin: »In meiner Mittagspause gebe ich den Bestellzettel für Nahrungsmittel im Laden ab, zusammen mit meiner Einkaufstasche. Am Abend hole ich alles ab, ohne in der Schlange warten zu müssen, und bezahle meine Rechnungen alle zwei Wochen.«

- Doris Felder, Lehrerin: »Statt jeden Abend für meine Familie zu kochen, koche ich vor. Das heißt, etwa zweimal in der Woche bereite ich größere Portionen und friere sie portionsgerecht ein. So reduziert sich meine tägliche Küchenarbeit auf kleine Arbeiten wie Salat zubereiten oder Kartoffeln kochen.«

- Charlotte Wegner, Kunsthistorikerin: »Ich versuche nicht mehr das Opfer der Zeitmaschine sondern Meisterin meiner Zeit zu sein. Mit zunehmendem Alter habe ich meine Prioritäten verändert. Wenn andere mir zu knappe Termine oder streßverdächtige Aktionen aufladen möchten, das kann im Beruf oder im häuslichen Alltag sein, verzichte ich zugunsten meines Friedens auf manchen sogenannten Vorteil. Ich lenke meine Energie auf die wirklich bedeutenden Dinge meines Lebens, um mich darauf zu konzentrieren.«

- Rosemarie Lurker, Bibliothekarin: »Mit dem Beginn der

Wechseljahre kam ich in eine Lebenskrise, die mich die Werte neu überdenken ließ. Ich fand heraus, daß viele Zwänge meines Lebens selbstgeschaffen waren und nahm mir die bewußte Freiheit sie abzubauen. Seit dieser Zeit fühle ich mich wie befreit und nun treffe ich meine Entscheidungen mit Hilfe meiner neuen Perspektiven. Ich habe gelernt mein Wohlbefinden selbstverantwortlicher im Auge zu behalten, und dadurch hat sich meine berufliche und häusliche Situation erheblich beruhigt und verbessert. Ich kann den Wahrheitsgehalt der alten Weisheit: ›Willst du die Welt verändern, ändere zuerst dich selbst‹, nur bestätigen.«

Schönheit:
Und Mode

Das neue Selbst-
bewußtsein

Niemand wird behaupten, daß die heutige Mode an Fan-
tasielosigkeit krankt. Vielmehr bieten uns die Modeschöpfer aller Welt Ideen in Überfülle; in den letzten Jahren
ist die Mode immer kreativer geworden, immer üppiger
und luxuriöser, allerdings auch immer teurer. Fantastische
Schnitte, herrliche Stoffe, prachtvolle Accessoires wie kostbare Schuhe und Taschen, kunstvolle Strickwaren, es gibt
alles. Wenn Frauen sich heute bei der Auswahl ihrer Garderobe in den Geschäften verunsichert fühlen, so liegt das
nicht am mangelnden Angebot von Ideen, sondern vielmehr
am Überangebot, das ratlos macht. Konfrontiert mit der
facettenreichen Welt des Überangebots, hinterläßt die Üp-
pigkeit des Gebotenen bei manchen Kundinnen eher Hilf-
losigkeit denn Sicherheit beim Einkauf. Hinzu kommt, daß
sich bei den hohen Preisen für erstklassige Mode heute niemand mehr Fehlkäufe leisten kann.

Wenn wir uns bewußt werden, was zu Unsicherheit bei der
Wahl der richtigen Garderobe führt, wird es uns vielleicht in
Zukunft leichter fallen, jene Dinge aus dem modischen Angebot herauszugreifen, die für uns ideal sind. In jedem von
uns stecken viele verschiedene Ichs. Wir haben unterschiedliche Stimmungen. Und weil wir auch Fantasie und ästheti-
sches Gefühl für die künstlerische Gestaltung von Kleidungsstücken haben, können wir uns in die Stimmung ein-
fühlen, die Kleider vermitteln. Wenn es darum ginge, uns
der jeweiligen Stimmung entsprechend anzuziehen, müßten
wir sehr viel Garderobe haben. Perfektion erreichen wir in

dieser Hinsicht nur, wenn das Kleid nicht nur in seiner Aussage, sondern auch in seiner Machart exakt zur Figur paßt, seine Farben und die Qualität des Stoffs wie für uns geschaffen sind und wir schließlich das Kleid mit den passenden Accessoires wie etwa Schuhe und Tasche zum richtigen Anlaß tragen. Die Vorstellung, die wir von einem Kleid haben, muß auf den eigenen Körper übertragbar sein. Das ideale Kleid wird von einer Frau getragen, und es darf nicht sein, daß das Kleid die Frau trägt.

Eine weitere Falle für Unsicherheit und Fehlkäufe sind die sogenannten Impulskäufe. Es sind vielleicht die gleichen Motive wie zuerst beschrieben, die uns spontan nach irgendeinem Kleidungsstück greifen lassen, das uns gefällt. Möglicherweise ist man beim Einkauf unter Zeitdruck, oder man braucht dringend etwas Neues für einen bestimmten Anlaß. Wieder zu Hause stellen wir dann fest, wie wenig das neue Kleidungsstück eigentlich mit der übrigen Garderobe harmoniert. Außerdem fehlen dazu passende Schuhe oder andere Accessoires. Wer ständig unter Zeitdruck einkaufen geht und einen Hang zu Spontankäufen hat, lebt teuer. Wir sollten es zur Regel machen, die ausgewählten Stücke zur Probe mit nach Hause zu nehmen. Daheim kann man in aller Ruhe prüfen, ob das Kleidungsstück zur übrigen Garderobe paßt, ob es variationsfähig ist, ob wir die richtigen Accessoires dafür besitzen oder welche Änderungen vorgenommen werden müssen. Selbst wenn man im Augenblick im Geschäft davon überzeugt ist, daß das spontan ausgewählte Kleidungsstück genau das richtige ist, sollte es trotzdem die häusliche Probe überstehen. Vor sinnlosen Spontankäufen schützt als Gedächtnisstütze eine kleine Liste jener Garderobestücke, die wir unbedingt benötigen, etwa den Ersatz von einzelnen Stücken aus der Grundgarderobe. Denn wer zu Spontankäufen neigt, vergißt oft, sich konsequent um die notwendige Erneuerung der Grundgarderobe zu bemühen.

Ein weiterer Fehler beim Einkauf besteht in der falschen Einschätzung des eigenen Aussehens. Dabei laufen zahlreiche Probleme zusammen. Beginnen wir themengerecht mit dem Alter und dem neuen Selbstbewußtsein, das jede Frau, die körperlich und geistig attraktiv sein will, ab vierzig entwickeln muß. Jedes Alter hat seine Würde. Eine Fünfzehnjährige hat die Faszination der Jugend, eine Fünfundzwanzigjährige den Charme der jungen Frau, und die Frau um vierzig hat die Ausstrahlung ihrer Vitalität, ihrer Lebenserfahrung, der Kultur ihres Geistes. Viele Frauen um vierzig neigen dazu, die Würde ihres Alters fehleinzuschätzen. Sie hängen ihrer vergangenen Jugend nach und bringen diese Haltung durch zu jugendliche Kleidung zum Ausdruck. Die lustigen Kleider der Jugend wirken an älteren Frauen jedoch nicht mehr witzig, sondern lächerlich oder sogar peinlich. Kleider sollten zwar Witz haben, aber der Witz muß gut sein für Ihr Aussehen. Der Witz darf Sie nicht lächerlich machen. Eine Frau von vierzig sieht nicht aus wie dreißig, wenn sie sich anzieht wie eine Zwanzigjährige.

Andere Frauen glauben, mit dem vierzigsten Lebensjahr sei der madamige Stil gefragt, sie geben sich entweder aufgetakelt oder bieder, oder aber sie flüchten durch allzu strenge oder unschicke Kleidung in die Resignation. Aber weder die madamigen Kleider noch die resignativen sind würdevoll, sondern unvital, unelegant, zu brav oder zu streng. Bei Frau Biedermanns Kleidung vermissen wir den Charme, der die Frau ab vierzig so unwiderstehlich machen kann.

Eine andere Fehleinschätzung betrifft die Figur und die Proportionen des Körpers. Viele Mißgriffe ließen sich beim Einkauf verhindern, würden Frauen die Vorzüge und die Nachteile ihres Aussehens besser kennen. Denn gerade mit der Kleidung können wir körperliche Vorzüge in den Vordergrund rücken oder Nachteile kaschieren. Doch wie soll das möglich sein, wenn wir die eigenen Vorzüge und Nachteile gar nicht kennen?

Deshalb hat die Schulung des sicheren Geschmacks durchaus etwas mit der geistigen Entwicklung zu tun. Mit vierzig sind wir erwachsen, trauern weder der vergangenen Jugend nach, noch flüchten wir uns in die bequeme Ausrede der Krise um die Lebensmitte. Jedes Alter hat seine Krisen, und sie sind normal und lebensnotwendig, wenn wir uns weiterentwickeln wollen. Wir haben uns mit vielerlei Problemen auseinanderzusetzen. Vielleicht bereiten die Kinder Sorgen, die Ehe ist nicht mehr das, was sie einmal war, und auch im Beruf ergeben sich Schwierigkeiten. Sie werden Hunderte von Ratschläge hören, mit diesen Problemen fertig zu werden, doch zielen alle Ratschläge darauf ab, die eigene Kraft zu mobilisieren, die Kampfbereitschaft, das Taktgefühl, die Lebenserfahrung. Sie überzeugen keinen Menschen von Ihrer Kraft, wenn Sie wie eine graue Maus aussehen, wenn Ihre Schultern herunterhängen und Ihre Depression meilenweit sichtbar ist. Aber Sie überzeugen auch nicht, wenn Sie sich zu forsch-jugendlich geben. Die Kraft, mit der Sie sich selbst helfen und mit der Sie andere überzeugen können, erwächst nur aus den Quellen Ihres Selbstbewußtseins, aus Ihrem Selbstwertgefühl als erwachsene Frau.

So dokumentiert sich der wirklich sichere Geschmack in der richtigen Einschätzung des eigenen Aussehens, er ist sozusagen geschult an den eigenen Maßen. Jede Frau, die ihre Stärken und Schwächen kennengelernt hat, wird nur nach jenen Kleidungsstücken Ausschau halten, welche die Vorzüge ihres Aussehens hervorheben und die Nachteile verbergen. Sie wird kaum Unsicherheiten im Hinblick auf das Angebot modischer Ideen kennen, denn sie sucht sich aus dem Angebot nur die Modelle heraus, die für sie persönlich ideal sind, die sie kleiden und nicht verkleiden. Damit beschränkt sich das Angebot von selbst. Und die Sicherheit und das Selbstbewußtsein beim Einkaufen wachsen. Von Frauen mit sicherem Stilgefühl können wir vieles lernen. Ich möchte Ihnen zusammenfassend eine Reihe von guten Tips geben.

- Üben Sie sich in der Kunst der Verwandlung. Kaufen Sie keine Kleidungsstücke, die nicht variationsfähig sind. Etwa kein Kostüm, von dem nicht das Jackett zu mehreren Röcken und Hosen paßt. Keine Bluse, die nicht zu zahlreichen Röcken und Hosen getragen werden kann.
- Eine erstklassige Änderungsschneiderin ist eine ebenso wichtige Adresse wie ein guter Friseur! Bevor Sie ältere Kleidungsstücke, die noch nicht abgetragen sind, verschenken, besprechen Sie mit Ihrer Änderungsschneiderin alle Möglichkeiten für ein modisches Comeback.
- Durch kleine Änderungen und mit Hilfe modischer Accessoires sind gut erhaltene Kleidungsstücke länger als eine Saison zu tragen. Der Trick bei den Accessoires besteht darin, sich aus dem neuen Angebot nur jene Stücke herauszusuchen, mit denen Sie den eigenen Stil modisch unterstreichen.
- Kaufen Sie kein teures Cocktailkleid, das sich nicht durch unterschiedliche Accessoires verwandeln ließe.
- Eine gute Regel ab vierzig: keine billigen Stoffe, keine billigen Schuhe und Taschen. Ein einziges, gut variationsfähiges Kleid von erstklassiger Qualität und perfektem Schnitt bringt Sie weiter als zahlreiche Billigkleider.
- Kaufen Sie keine Farben, die sich nicht in die übrige Garderobe einfügen, sonst bleibt das neue Stück für immer im Schrank hängen.
- Meiden Sie undefinierbare Muster. Ziehen Sie klare Muster vor. Etwa Glencheck, Hahnentritt, Tweed für den Winter. Keine Streublümchen oder undeutliche Fantasiemuster für den Sommer. Besser sind klassische Streifen, Karos oder über allen Kitsch erhabene Edelfolklore.

- Vermeiden Sie körperabzeichnende Stoffe, wenn Sie nicht superschlank sind. Kein Jersey, keine feine Wolle. Bevorzugen Sie statt dessen Gabardine, Flanell, Tuch, Popeline, feste Baumwollstoffe, Mousseline.
- Halten Sie Ausschau nach klaren Farben. Kein Wischiwaschi-Beige, kein Fast-Braun, kein Beinahe-Rot. Haben Sie Mut zu klaren und eindeutigen Farben. Sie unterstreichen damit die Klarheit Ihres gesamten Erscheinungsbildes.
- Denken Sie daran, daß Farben vor allem zu Ihrem Teint und zu Ihrer Haarfarbe passen müssen. Farben, die Sie mit dreißig gut tragen konnten, mögen mit vierzig vorbei sein. Fahle Hautfarben unterstreicht man noch mit fahlen Kleiderfarben. Deshalb Vorsicht mit grauem Beige, mit Hellgrau und Schwarz. Die Farbe ist auch abhängig vom Material. Schwarz mag hart wirken bei Gabardine, aber weich bei Cashmere, Mohair oder Crêpe de Chine.
- Die Kunst des Weglassens sollten alle Frauen beherrschen, unabhängig von ihrem Alter. Accessoires dürfen sich nicht gegenseitig ihrer Wirkung berauben: eine dekorative Kette, Brosche oder Blume, ein geschlungenes Tuch oder eine Feder am Hut, aber niemals zuviel zusammen.
- Wichtig beim Einkauf von Handtaschen: Sie müssen zu den Körperproportionen passen, und man darf sie nicht nur in der Hand betrachten, sondern auch vor einem großen Spiegel. Häufiger Fehler kleiner Frauen ist die zu große Handtasche.
- Meiden Sie kontrastierende Strumpffarben, wenn Ihre Beine nicht lang und schlank sind. Stellen Sie farblich fließende Übergänge mit Strumpffarben her, die Ton-in-Ton zur übrigen Kleidung passen.

Vorteile unterstreichen – Nachteile kaschieren

Mein Gesicht ist lang, schmal und hager: Meiden Sie langgezogene Ausschnitte bei Blusen, Jacken, Pullovern und Mänteln, damit ziehen Sie das Gesicht optisch noch mehr in die Länge. Tragen Sie runde oder kurze Krägen. Betonen Sie die Schultern, auch das zieht das Gesicht optisch in die Breite. Bevorzugen Sie angerüschte Ärmel und unterlegen Sie Schulterpolster.

Mein Gesicht ist rund und breit: Verlängern Sie optisch die Gesichtsform durch langgezogene Ausschnitte. Achten Sie dabei jedoch auf Ihre Körperproportionen! Wenn Sie klein sind, muß der langgezogene Ausschnitt im richtigen Verhältnis zu Ihrer Körpergröße stehen, sonst wirkt er unproportioniert. Verwenden Sie zur optischen Verlängerung des Gesichts verschiedene Accessoires: lange Halsketten, Tücher, die Sie mit langem Ausschnitt binden, Broschen, die Sie nicht am Kragen, sondern tiefer befestigen.

Mein Hals ist kurz und breit: Achten Sie bei allen Kleidungsstücken darauf, daß der Kragen Ihren Hals nicht eng umschließt; ziehen Sie senkrechte Ausschnitte waagrechten vor. Tragen Sie die ersten Knöpfe Ihrer Bluse geöffnet, damit der Ausschnitt in die Länge gezogen wird. Verlängern Sie optisch den Ausschnitt mit Hilfe von Schmuckstücken oder Tüchern.

Meine Schultern sind schmal und abfallend: Nähen Sie prinzipiell Schulterkissen in Blusen, Jacken, Pullover, Mäntel und Kleider. Sie wirken wahre Wunder bei schmalen und abfallenden Schultern. Vermeiden Sie eine optische Unterteilung der Schultern durch spitze, strenge und langgezogene Ausschnitte. Kleine, runde Krägen oder kurze Stehkrägen halten optisch eine undurchbrochene waagrechte Linie mit Ihren Schultern. Bevorzugen Sie gerüschte Ärmel, sie ziehen die Schultern optisch in die Breite.

Mein Busen ist zu groß: Tragen Sie keine Kleidungsstücke, die Ihren Busen deutlich abzeichnen, aber auch keine unproportionierten Hänger, die Sie plump erscheinen lassen. Wenn ihre Taille im Verhältnis zum Busen und zu den Hüften schmal ist, betonen Sie die Taille und gliedern damit Ihre Figur. So können Jacketts um den Oberkörper und um die Taille schmal und sogar knapp sitzen, nicht aber um den Busen. Nach dem gleichen Prinzip können Ihre Kleider geschnitten sein. Wenn Ihre Taille nicht schlank ist und Ihre Figur insgesamt zu füllig, tragen Sie weitgeschnittene Kleider.

Mein Busen ist zu klein: Vermeiden Sie Kleidungsstücke, die Ihren kleinen Busen abzeichnen, etwa knappe Polohemden, Blusen und Pullover. Tragen Sie lieber Blusen, deren Vorteile dekorative Details haben, lässig geschnittene Strickjacken, mit Applikationen verzierte Pullis, mit Stepp, Biesen und Ziernähten dekorierte Jacken, Kleider und Mäntel. Wer gerne knappe Jäckchen anzieht, sollte nur den Taillenknopf schließen, so daß der übrige Vorderteil nicht eng am Körper anliegt.

Mein Oberkörper ist kurz, die Beine sind lang: Verkürzen Sie den Oberkörper optisch nicht noch mehr durch die Betonung der Taille. Tragen Sie lieber längere Jacken, die bis zu den Hüften reichen. Aber Sie müssen nicht ganz auf Ihre Taille verzichten, denn es gibt optische Tricks, den Oberkörper in die Länge zu ziehen. Tragen Sie Ihre Blusen nicht in den Röcken und Hosen, sondern darüber, und schlingen Sie lässige Kordelgürtel locker um die Taille. Abendkleider im Empirestil wurden für Sie erfunden.

Mein Oberkörper ist lang, die Beine sind kurz: Sie werden sich doch wohl schon längst angewöhnt haben, immer hohe Absätze zu tragen? Verschieben Sie optisch den Mittelpunkt ihres Körpers nach oben. Hierbei helfen breite Gürtel, die nicht auf der Taille sitzen, sondern deren unterer Rand knapp oberhalb der Taille endet. Tragen Sie die Gürtel über Blusen und Pullovern, wenn Sie eine schlanke Taille haben. Weniger Schlanke kaschieren kurze Beine mit locker sitzenden Jacken, die über die Taille reichen sollten.

Meine Arme sind zu lang: Tragen Sie keine Ärmel, die ohne Unterbrechung durchgehend von der Schulter bis zum Handgelenk reichen. Bei Mäntel und Jacken sind Stulpen ideal oder beispielsweise das durchgezogene Band in Höhe des Handgelenks beim Trenchcoat. Ziehen Sie bei Pullovern und Strickjacken die Ärmel ein wenig in die Höhe, und lassen Sie die Blusenmanschetten hervorschauen.

Meine Arme sind zu kurz: Die gesamte Armlänge sollte nicht durch Querlinien unterbrochen werden. Keine Stulpen an Mänteln und Jacken, keine Schinkenärmel, keine langen Manschetten an Blusen.

Ich bin zu klein: Manche Frauen begehen den Fehler, durch lange Jacken oder aufgetürmte Frisuren den Körper in die Länge strecken zu wollen, und wirken damit unproportioniert. Gliedern Sie optisch Ihre Figur den Proportionen entsprechend durch schmale Schnitte und zierliche Details. Vermeiden Sie dicke Stoffe und wulstige Stricksachen. Feine Materialien wie etwa Gabardine, Flanell oder Cashmere sind für Sie ideal geeignet.

Ich bin zu groß: Es gibt ein Aperçu der Herzogin von Windsor: »Eine Frau kann niemals zu reich oder zu schlank sein.«

Für Große sei hier zum Trost gesagt, daß die dekorativste Mode für sehr große Frauen gemacht wird. Weite Mäntel, attraktive Riesenschals, schwingende Capes, voluminöse Ärmel – großen Frauen steht das alles wunderbar. Das einzige, was Sie meiden sollten, sind eng anliegende Kleidungsstücke, zierliche Blusen und Jacken sowie enge Röcke.

Ich bin zu dick: Wieviel zu dick – das ist hier die Frage! Wenn Sie noch mehr als zwanzig Kilo loswerden müssen, um die Idealfigur zu erreichen, tragen Sie für die Übergangszeit alles, was locker und lose Ihren Körper umgibt. Die schönsten Hängekleider findet man in Geschäften für die werdende Mutter.

Eng anliegende Kleider sollen Sie auch vermeiden, wenn Sie nicht übermäßig dick sind. Keine knapp sitzenden Hosen, keine engen Blusen und Pullover, keine engen Röcke. Tragen Sie feste Stoffe und keine weichen, welche die Figur abzeichnen, wie etwa Jersey.

Meine Beine sind zu dick: Nach den Regeln der Farbenlehre hebt hell hervor und macht größer, dunkel läßt zurücktreten und macht schmal. Bevorzugen Sie dunkle Strumpffarben und in sich gemusterte Strümpfe, die das Bein optisch modellieren.

Meine Beine sind zu dünn: Tragen Sie keine Pumps mit zu spitzen Absätzen. Bevorzugen Sie helle Strumpffarben, die ihre Beine optisch breiter erscheinen lassen. Seien Sie vorsichtig mit in sich gemusterten Perlonstrümpfen, meiden Sie Längsstreifen oder senkrechte Zickzackmuster, Netzmuster und Pünktchen. Die winterlichen Wollstrumpfhosen und Kniestrümpfe werden Sie bestimmt vorteilhaft kleiden.

Viele Fragen
an Experten

Wenn Modeschöpfer aus dem Nähkästchen plaudern, eröffnet sich dem Laien keineswegs eine Welt abstrakter Kunstideen. Das handwerkliche Können und Wissen der großen Meister verrät vielmehr die Unantastbarkeit bestimmter Regeln des guten Geschmacks: Klarheit der Linien, Berechnung der Proportionen, Ästhetik der Farben und Muster, Differenzierung der Materialien. Es gibt viele gute Ratschläge für Laien. Ich denke hier etwa an den Rat des amerikanischen Modeschöpfers Halston, die Kunst der Vereinfachung zu lernen; an Sonia Rykiels Ideen über die saisonlose Grundgarderobe; an Calvin Kleins Gedanken über Proportion. Die einfachen Gesetzmäßigkeiten des guten Geschmacks zu lernen, zu üben und immer weiter zu entwickeln – das sehen wir aus allen Ratschlägen der Modeschöpfer –, ist das Erfolgsrezept für Eleganz. Und unter diesem Begriff versteht man heute nicht mehr das prätentiöse Aufgemachtsein, das manche Frauen mit Eleganz verwechseln. Es haben vielmehr die komfortablen Kleider die formalen ersetzt, und statt der unbeweglichen Kleidung, der steifen, schweren und kompliziert aufgemachten Stücke sind es die geschmeidigen, leichten und einfachen Dinge, die raffinierte Schlichtheit, die elegant ist. Auch die strengen und biederen Kleider werden wir im Schrank der Frau ab vierzig nicht mehr finden, sie sich ersetzt durch die spielerischen und amüsanten Kleidungsstücke, die vital und jung sind, ohne kindisch und unreif zu wirken.

Eine Frau, die frei und selbstbewußt erscheint, strahlt

Wohlbefinden, menschliche Wärme und Vitalität aus. Die Eleganz der Frau ab vierzig ist heute viel enger mit ihrer Persönlichkeit, ihrer Vitalität, Kultur und geistigen Ausdruckskraft verbunden. Wenn wir uns wohl fühlen, aktiv im Leben sind, zeigt sich die Beweglichkeit und Anteilnahme des inneren Menschen auch in seinem äußeren Erscheinungsbild. Das »Haben« ist viel weniger wichtig als das »Sein«.

Fragen an eine Modestylistin

Frau Hannelore Witty von Kemnitz ist Stylistin in der Haute Couture. Ihre langjährige Erfahrung in dieser Branche macht sie zur idealen Gesprächspartnerin über Mode, und ihre praktischen Ratschläge für den Einkauf, für die Lektüre von Modezeitschriften und für das Herausfinden der richtigen Proportionen werden sicher dazu beitragen, Unsicherheiten und Fehlkäufe künftig zu vermeiden.

Frage: »Mode wird heutzutage in den Journalen nur von jungen, attraktiven Mädchen präsentiert. Es ist für die Frau ab vierzig nicht leicht, sich mit modischen Ideen zu identifizieren, wenn Jugend privilegiert scheint, Mode tragen zu können. Welchen Ratschlag haben Sie für die Lektüre von Modezeitschriften?«

Antwort: »Ich will nicht philosophieren – aber die meisten Frauen machen einen grundlegenden Fehler, der sich als Ursprung für das Mißverhältnis zwischen *Sein* und *Scheinen* herausstellt. Sie wollen sich nicht zu sich selbst bekennen, sie wollen ihre Persönlichkeit nicht entdecken und schon gar nicht ihre individuelle Fortentwicklung dem äußeren Erscheinungsbild anpassen. Die Schnellebigkeit unserer Zeit und die oft oberflächliche Struktur unseres gesellschaftlichen Lebens sind dabei zusätzlich hindernd. Die Medien –

Modemagazine und Frauenjournale – wissen um diese Identitätsschwäche der Frauen und präsentieren die neueste Mode an frischen, knackigen Supergirls oder an der über jeden Zweifel erhabenen Traumfrau.

Die Frauen sollten abstrahieren lernen, sie sollten sich selbst erkennen, ihre eigenen optischen Vorzüge und ihre Schwächen einzuschätzen wissen. Die Rolle des anderen kann niemals die eigene sein. Versuchen Sie einmal beim Durchblättern von Modejournalen den sogenannten Analysetest:

1. Wählen Sie ein Modell, daß Sie besonders anziehend finden.
2. Vergessen Sie sämtliche Emotionen, die Ihnen die Stimmung des Fotos vermittelt.
3. Fragen Sie sich, ob Silhouette, Farbe und Stil des Modells zu Ihnen passen.
4. Entkleiden Sie im Geist die Person im Journal, und ziehen Sie sich das Modell selbst über.
5. Treten Sie vor einen Spiegel, und versuchen Sie sich in dem abgebildeten Modell im Spiegel zu analysieren.
6. Stellen Sie sich die Frage: Mache ich das Kleid oder macht das Kleid mich?

Sie werden sehen, die Abstraktion ist ein hervorragendes Mittel gegen Glorifizierung und Selbstbetrug.«

Frage: »Glauben Sie, daß die heutige Mode für die Frau ab vierzig ideale Ideen präsentiert?«

Antwort: »Die Frau ab vierzig sollte gar nicht darüber nachdenken, daß sie ›schon vierzig‹ ist. Sie sollte sich vielmehr bewußt sein, daß sie eine Art Hoch-Zeit durchlebt. Sie hat die Harmonie und die Reife, um die die Jugend noch ringt. Deshalb kann sie auch mehr Anregungen aufnehmen, die von den Medien präsentiert werden. Und sie kann, wenn sie mit Mode so umgeht wie mit ihrer eigenen fortgebildeten Persönlichkeit, eine ganze Menge mitmachen. Das heißt nicht, daß sie sich lächerlich machen muß. Die Frage nach dem Minirock ist in den meisten Fällen ab vierzig schnell beantwortet. Der neueste Schrei wird ungewollt zum allerletzten.

Die Mode bietet augenblicklich vielfältige, herrlich schmeichelnde Details:

– Fließend weiche Materialien für Blusen
– Soutachemanschetten (Soutache = in Muster aufgenähte Applikation aus Seidenschnur, Litze, Band usw.),
– raffinierte Gürtel,
– nicht nur Verspieltes, auch die strengen weißen Garnituren à la Chemisekragen der Smokings,
– Applikationen von Pailletten, Leder, Steinchen, Straß,
– asymmetrische Verschlüsse,
– unendlich viele neue Hosenformen. (Vorsicht: Nicht alle Hosen sind vorteilhaft, sie sind in ihrer Flapsigkeit oft blutjungen Mädchen vorbehalten.)«

Fragen: »Was sind die hauptsächlichen Fehler, die Frauen beim Einkaufen begehen?«

Antwort: »Da gibt es unterschiedliche Ursachen. Eine davon ist, sich etwas Gutes tun zu wollen, aus welchen Gründen auch immer. Das Ergebnis rechtfertigt freilich nicht immer die Mittel. Spontankäufe sind gefährlich. Denn der Zustand des Verschwendungs- oder Verdrängungszwangs ist meistens mit Mißgriffen gesegnet. Dann gibt es noch andere Gründe: Paritäts- und Konkurrenzgefühle. Hat die Freundin, die Kollegin, die Nachbarin was Neues, etwas besonders Teures, muß mindestens ebenso schnell etwas her, was damit konkurrieren kann. Auch Männer, die Frauen beim Einkaufsbummel begleiten, haben meist einen beklemmenden Einfluß. Die Frauen fühlen sich nicht mehr frei und wählen deshalb falsch aus. Und nicht zuletzt setzt mangelhaft informiertes, desinteressiertes Verkaufspersonal dem Ganzen die Krone auf.«

Frage: »Gibt es Farben und Stoffe, die Frauen ab dem vierzigsten Lebensjahr meiden sollten? Und welche Farben und Materialien raten Sie für die mittleren Jahrgänge?«

Antwort: »Das kann man nicht so pauschal beantworten. Prinzipiell sollte man mit Knallfarben vorsichtig umgehen. Aber das gilt bestimmt nicht für jeden Frauentyp. Dunkelhaarige Frauen mit frischer Hautfarbe oder blonde Frauen mit sportlichem Teint können durchaus Pink, Königsblau oder Smaragdgrün tragen. Die Farbe des Teints, der Augen, der Haare und letztlich auch das Temperament einer Person bestimmen die Begleitfarben. Ein anderes Beispiel wäre Grau: Sicherlich gibt es Frauen, denen ein silbergraues Kleid zu silbergrauem Haar perfekt steht. Um das Grau schmeichelhaft zu machen, muß sie aber lebendige Gesichtsfarben haben, und sie muß auch schlank sein. Bei Blondinen oder Brünetten kann Silbergrau triste wirken und sie alt machen. Einfach deshalb, weil Haar- und Hautfarbe als Reflektor wirken und das Grau gelbstichig erscheint oder müde und traurig macht. Bei Stoffen sollte man darauf achten, daß sie die Figur umhüllen, anstatt sie abzuzeichnen. Woll- und Seidenjersey, von mittleren Jahrgängen zu Unrecht bevorzugte Qualitäten, sind die wahren Altmacher. Gegenüber Jersey als Rock- oder Kleiderstoff wirkt Flanell weich, ohne die Figur abzuzeichnen, und hat darüber hinaus noch noblen Charakter. Feiner Wollmousseline ist eine Alternative für weichere Silhouetten bis hin zur Abendmode.«

Frage: »Welches sind Ihrer Meinung nach die wichtigsten Stücke für eine funktionelle Grundgarderobe?«

Antwort: »Die neue Mode ist nicht mehr in das Schema von gestern zu zwängen. Während man früher das kleine Schwarze, den Stadthosenanzug, den berühmten grauen Flanellrock, das brave Twinset und das Seidenjersey-Imprimékleid zur Cocktailstunde zur Grundgarderobe zählte, hat sich das Bild der Mode grundlegend gewandelt. Das Leben ist freier geworden und mit ihm die Mode. Frauen von heute sammeln Einzelstücke, und die Mode präsentiert eine fantastische Auswahl davon. Kunstvolle Strickjacken mit aufwendigen Applikationen als Ersatz für den strengen Blazer. Variationsfähige Einzelstücke für den Abend. Dekorative Blusen, die sich nicht unter Strickjacken verstecken müssen. Raffinierte Hosenformen mit lustigen Details für die Tages- und Abendmode. Feminine Rockschnitte haben den strengen Faltenrock ins Abseits gedrängt. Und all diese neuen Schöpfungen der Mode lassen sich je nach Anlaß perfekt untereinander kombinieren.«

Frage: »Wie wichtig nehmen sie die Rolle der Accessoires im ganzen Ensemble der Garderobe?«

Antwort: »Die Accessoires sind heute bedeutender als je zuvor. Sie müssen ebenso wichtig genommen werden wie die Einzelteile der modernen Garderobe, denn sie spielen die Rolle des Mittlers bei der Kombination. Um ein Beispiel zu nennen: Ein luxuriöser Gürtel zu einer modischen Strickjacke ist das i-Tüpfelchen und macht in dieser Kombination ein elegantes Abend-Outfit daraus. Eine üppige Organzablume an einem Leinenkostüm, an einem sommerlichen Popelinekleid, an einer schlichten Mohairstrickjacke gibt dem Kleidungsstück neues Raffinement und weibliche Eleganz.«

Frage: »Mode ist teuer geworden. Müssen wir viel Geld ausgeben, um heute elegant zu sein?«

Antwort: »Das ist eine gute Frage, auch in Verbindung mit der vorangegangenen. Ich würde raten, sich auf die Anschaffung raffinierter Accessoires zu konzentrieren. So braucht man weniger Garderobe, um modisch aktuell zu sein. Doch bei der Auswahl der wenigen, ausgesuchten Stücke für die Basisgarderobe sollte man nicht knauserig sein.«

Frage: »Würden Sie meinen Leserinnen ein paar gute Tips für den nächsten Einkaufsbummel mitgeben?«

Antwort: »Ich fürchte, es wird keine Reihe von Tips werden.

Ich würde mich freuen, wenn einige Ihrer Leserinnen mit einem zufrieden wären.

Es gibt eine Grundregel der Ästhetik, die seit der Antike ihre Gültigkeit hat. Um den ›Goldenen Schnitt‹, die optische Harmonie der Proportionen, wußten schon die alten Griechen. Es geht dabei immer um das Erkennen der richtigen Maße innerhalb der Gesamtkomposition. Jede Frau sollte sehen lernen, *wo* ihr optischer Schwerpunkt zu setzen ist. Sehen Sie Ihre Gesamterscheinung in drei Teilen: den Kopf einschließlich der Schulterpartie, von da aus abwärts zur Taille oder zur Hüfte und dann den dritten Teil bis zu den Zehenspitzen. Sie werden erkennen, daß es für Sie in der Gesamtproportion des Körperbaus einen idealen Schnittpunkt gibt, der betont werden muß, um sowohl Spannung wie auch optische Harmonie zu erzeugen. Probieren Sie vor dem Spiegel verschiedene Möglichkeiten, um den ›Goldenen Schnitt‹ zu finden. Unterlegen Sie Schulterpolster, stecken Sie die Bluse in den Rock oder tragen Sie sie über dem Rock, probieren Sie den Gürtel über der Bluse, ziehen Sie den Rocksaum in die Höhe, versuchen Sie flache und hohe Absätze, schieben Sie die Ärmel hinauf. Nehmen wir an, Ihre Schultern sind abfallend und die Hüften breit, während Ihre Taille im Verhältnis schmal ist, so mag die Gesamtproportion richtig gegliedert sein, wenn unterlegte Schulterpolster als optische Relation zur Hüftbreite dienen und die Taille dadurch nicht nur schmäler wirkt, sondern sogar noch betont werden kann, indem Sie die Bluse im Rock tragen und Ihre Jacken nur knapp bis zur Taille reichen.

Versuchen Sie doch einmal nach diesem ästhetischen Grundprinzip beim nächsten Einkauf Ihre Garderobe auszuwählen, und pfeifen Sie ausnahmsweise mal auf den Ehemann und die Verkäuferin.«

Die besten Ratschläge von Modeschöpfern

Giorgio Armani: Seit auch die Reichen und Prominenten, wie etwa Jacqueline Kennedy oder Diane Keaton, zur eingeschworenen Armani-Gemeinde gehören, seit ihn die New York Times als »King of Fashion« feierte, schaut die Modewelt nach Mailand. Innerhalb von wenigen Jahren brachte es der italienische Top-Designer Giorgio Armani zum international anerkannten und oft kopierten Wegbereiter der Mode. Heute entwirft Armani einunddreißig Kollektionen, zehn unter seinem Namen Giorgio Armani. Zu den Firmen, für die er Modelle entwirft, die preiswerter sind, gehören »Mani«, »Mix and Match«, »Sicons«, »Hilton«.

»Schluß mit dem Modezirkus«, sagt Giorgio Armani und gibt damit ein Geheimnis seines Erfolges preis. »Frauen sollen nicht aussehen, als ob sie gerade zu einem Kostümball gehen wollten. Mein Design entspricht einem neuen Typ Frau. Nicht einer neuen Schönheit, sondern einer neuen Art, sich zu geben, sich zu verhalten. Die Frauen lassen Mode nicht mehr über sich ergehen, wie es traditionell geschah. Die selbstbewußte Frau, die im Beruf erfolgreiche Frau zieht sich nicht an, um sich zu verkleiden, sich anzupassen, sondern um sich auszudrücken, ihr Wesen, ihr So-Sein sichtbar zu machen. Mehr denn je erkennt man heute einen guten Stil. Eine Frau muß in erster Linie intelligent sein. Meine Mode spricht die moderne Frau an. Sie hat einen Job, ist aktiv und beweglich. Sie bevorzugt eine Mode, in der sie sich selbstverständlich bewegen kann. Sie wird auch, wenn nötig, die Ärmel einer Seidenbluse hochkrempeln, um richtig anpacken zu können.«

Auf die Frage: »Was können Sie an Frauen nicht leiden?« sagt Armani: »Die Art von Weiblichkeit, die als Waffe eingesetzt wird: überbetonter Sex, Unnatürlichkeit und ständig in den Spiegel gucken.«

Geoffrey Beene: Der amerikanische Designer Geoffrey Beene wurde von der Zeitschrift »Vogue« über den Zusammenhang zwischen Alter und Eleganz befragt. Seine Antwort war die Beschreibung einer Frau: »Ich traf sie bei einem Besuch in Florida. Sie ist fünfundsiebzig Jahre alt, sie hat graues Haar, und ich könnte mir niemanden vorstellen, der vitaler ist als sie. Sie trug einen blauen Rock aus grobem Baumwolldrillich, dazu einen korallenroten Pullover, der wunderbar zu ihrem Haar paßte, die Ärmel des Pullovers waren ein Stückchen hochgezogen. Und sie trug Segeltuchschuhe. Offensichtlich wählte diese Frau bewußt Kleider aus, in denen sie sich wohl fühlte und die ihr Wohlbefinden reflektierten. Sie sah wunderbar aus.«

Halston: Das Rezept für Eleganz sieht der amerikanische Modeschöpfer Halston in der Kunst der Vereinfachung. »Die meisten Frauen brauchen weniger Kleidung, als sie annehmen, und sie brauchen einfachere Dinge. Kleidern sollte man ansehen, wie leicht sie anzuziehen und auszuziehen sind, sie sollen für uns da sein und nicht wir für sie. Und sie sollen amüsant kombiniert sein. Nehmen Sie Stücke, die in Ihre Garderobe passen, und werfen Sie nicht mit vielen Farben um sich. Angenommen, Beige ist Ihre Grundfarbe. Kaufen Sie Beiges, das miteinander harmoniert. Sie nehmen vielleicht ein beiges Kostüm und ein beiges Kleid. Und Sie nehmen Braun für alle Accessoires. In anderen Worten: je weniger unterschiedliche Farben, desto weniger Accessoires. Und dann können Sie in jeder Saison eine Kleinigkeit kaufen, die Ihre Garderobe modisch macht, ein Tuch oder ein dekoratives Schmuckstück.

Eine Frau muß Wert legen auf ihr Aussehen. Ich meine, das ist nicht nur physisch wichtig, es ist auch eine geistige Sache, mit der Zeit zu gehen, ein Teil der Gesellschaft zu sein und nicht außerhalb des Lebens zu stehen. Und man muß prinzipiell wissen, was einem steht. Welche Rocklänge, welche Absatzhöhe, welche Farben. Keine Frau sollte Kleider mit typischen Altdamenmerkmalen tragen: den biederen weißen Kragen und die braven Manschetten, den Spitzenkragen auf dem marineblauen Kleid mit dem langen Rückenreißverschluß, das Prinzeßkleid mit der kleinen Brosche auf der Schulter.

Achten Sie auf Ihren Gang! Lassen Sie nie den Kopf und die Schultern hängen, ein schlechter Gang wird zur Angewohnheit, und eines Tages haben Sie nicht mehr die Kraft für die richtige Balance, für den lockeren und aufrechten Gang. Solange Sie unbeschwert, frei und aufrecht gehen, solange bewahren Sie sich Ihr jugendliches Aussehen.«

Beatrice Hympendahl: Die deutsche Modeschöpferin Beatrice Hympendahl hat es geschafft, sich in wenigen Jahren einen ausgezeichneten Namen in der internationalen Modebranche zu machen. Für ihre Abendmode verarbeitet sie edle Materialien wie Seide und Taft, für die Tagesmode Leinen, Baumwollstoffe, Leder. »Ich mache Mode, in der man sich wohl fühlt, Mode für Frauen mit Kopf. Für Frauen, die anspruchsvoll und selbstbewußt sind. Für mich bedeutet Emanzipation auch, bewußt Frau zu sein und dies auch gezielt einzusetzen. Gerade erfolgreiche Frauen können es sich heute wieder leisten, ihre Weiblichkeit zu betonen. Sind nicht die sogenannten Karrierefrauen meist auch die besten Gastgeberinnen? Sie können fantastisch kochen, halten nebenbei ihren Haushalt in Schwung und erziehen ihre Kinder.«

Calvin Klein: Zusammen mit seiner Frau Ann gehört Calvin Klein zu den führenden Modeschöpfern Amerikas: »Ich glaube, Jugendlichkeit in der Mode hat etwas mit Einfachheit der Kleidung zu tun. Klarheit im Schnitt, im Material, bei den Accessories. Je mehr man anzieht, je mehr Aufmachung, je mehr Details, je mehr man appliziert, desto älter wirkt die Kleidung. Es ist wie bei der Dekoration einer Wohnung – zu viele unterschiedliche Formen und zuviel Dekoration an den Wänden läßt die Wohnung alt erscheinen und nicht modern. Ich glaube an Kleider, die sich mit dem Körper bewegen, in einer Beziehung zum Körper stehen, die weich und feminin sind, aber nicht in dem Sinn, daß sie beladen sind mit Rüschen und Federn oder sonstigen Tricks. Die Frauen sollten nach Dingen Ausschau halten, die relativ einfach sind, sie sollten keine zu kleinen Muster tragen. Die Gefahr besteht darin, daß man versucht, außergewöhnlich auszusehen. Es ist aber sicherer, bei etwas zu bleiben – ich möchte nicht sagen klassisch, denn ich spreche nicht von herrenartig geschnittenen Jacketts und Hemdblusen –, aber bei etwas, das rein ist in der Form und nicht überladen. Manchmal machen Details alt, etwa eine langgezogene Taille. Denn Linien, die nach unten gezogen werden, ziehen auch die Augen optisch nach unten. Wenn Sie die Taillenlinie in die Höhe ziehen, die Jackenlänge vorne um einen halben Zentimeter kürzen, gibt das ein hübscheres und jüngeres Aussehen.«

Calvin Klein hat noch mehr gute Ratschläge: »Das Haar sollte nicht zu kurz sein, nicht zu straff aus dem Gesicht gezogen. Es darf nicht zu lang sein, es soll nur das Gesicht umrahmen. Es gibt Pelze, die an alte Damen erinnern. Ich würde mich vor Persianerlamm hüten. Man hört immer, daß Pelze schmeicheln, ich bin da nicht so sicher. Diese sehr dunklen Schattierungen, die gut für Pelze sind, sind für ältere Frauen sehr schwierig zu tragen. Diamanten lösen in mir die gleichen Assoziationen aus wie Pelz, ich würde sie meiden. Auf der anderen Seite nahm die Schmuckdesignerin Elsa Peretti Diamanten und machte sie jung. Ihr Diamantschmuck ist jung, weil er nicht feierlich und ernst aussieht. Das möchte ich auch mit Kleidern versuchen. Ich nehme wunderbar luxuriöse Stoffe und verarbeite sie lieber lässig, statt ernst und gewichtig.«

Lange: Zu den wenigen deutschen Modeschöpfern internationalen Rangs gehört das Haus Lange. Die Inhaberin und Designerin Renate Günthert hat ein Erfolgsrezept entwickelt, das ihre Mode von Mailand bis New York beliebt gemacht hat. »Für welche Frauen machen Sie Ihre Mode?« frage ich sie. »Am liebsten ziehe ich Frauen an, die sich von der Mode nicht gängeln lassen. Frauen, die Mode als Ausdruck ihrer femininen Persönlichkeit verstehen und durch sie ihre Vitalität, ihre Lebensfreude und ihren Spaß am Leben ausdrücken wollen. Meine Mode will die Frauen nicht unterwerfen, sie will sie nicht festlegen. Meine Kleider sind nicht für eine Saison gemacht, und sie sind vor allem durch unsere Accessoires immer neu verwandlungsfähig. Wir legen deshalb nicht nur Wert auf hochwertige Verarbeitung, wir wollen bewußt den Trend der stilisierten Schlampigkeit nicht mitmachen.«

»Was ist für Sie der gröbste Verstoß gegen die Etikette der Mode?«

»Für mich gibt es die Etikette des guten Geschmack«, sagt Renate Günthert, »ich hasse es, wenn Frauen zum richtigen Anlaß falsch und zum falschen Anlaß richtig angezogen sind.«

Sonia Rykiel: Die Pariser Modeschöpferin Sonia Rykiel glaubt an die von Jahreszeiten unabhängige saisonlose Grundgarderobe, die am besten unserem modernen Lebensstil entspricht. »Ich glaube fest an die saisonlosen Kleidungsstücke, die man das ganze Jahr tragen kann. Heute sind die Frauen aktiver als früher, sie reisen mehr und brauchen variationsfähige Kleidung, die sie überall anziehen können. Seit zwanzig Jahren verarbeite ich die gleichen Materialien, die gleiche Stoffschwere, die gleiche Qualität. Ich verwende Crêpe de Chine, Gestricktes, Lurex und Samtvelour als Basis der saisonlosen Grundgarderobe. Man braucht die einzelnen Stücke nur durch verschiedene Accessoires zu verändern. Es ist ganz gut, wenn man für die Accessoires ein paar verrückte Ideen hat.«

Zoran: »Kleidungsstücke für die Basisgarderobe bilden das Rückgrat meiner Kollektionen«, sagt der amerikanische Modeschöpfer Zoran. »Heute wollen die Frauen keine komplizierte Kleidung mehr. Sie möchten bequeme Kleider, mit denen sie viel anfangen können. Beispielsweise Kleider, die so geschnitten sind, daß man sie mit oder ohne Gürtel oder mit unterschiedlichen Gürteln tragen kann, um sie stilistisch zu verändern. Ich bevorzuge Materialien wie Flanell oder Gabardine, Cashmere, Seide, Crêpe de Chine. Auch mit Farben kann man die Garderobe frei und saisonlos machen. Ich baue meine Kollektionen auf bestimmte Farben auf. Reinweiß, Elfenbeinweiß, die ganze Graupalette von Silber über Steingrau bis Anthrazitgrau, zusammen mit zwei starken, leuchtenden Farben, die in jeder Saison wiederkehren: Rot und Purpurrot.

Ich finde, Kleider sollten keine Ornamente haben, denn dann sind sie festgelegt und lassen sich nicht durch Accessoires verwandeln. Ich nenne die Grundgarderobe ›Jet-pack‹. Man packt sechs oder sieben Stücke in den Koffer, sei es aus Cashmere, Crêpe oder Flanell, in Schwarz oder Weiß, und schon ist man fertig, im Winter oder im Sommer um die ganze Welt zu reisen.«

Quellenverzeichnis

Bücher

Polly Bergen: »I'd love to, but what'll I wear?« Wyden Books, New York
Dr. med. M. O. Bruker: »Stuhlverstopfung in drei Tagen heilbar«, bioverlag gesundleben, Dreieich
Dr. med. M. O. Bruker: »Unsere Nahrung, unser Schicksal«, bioverlag gesundleben, Dreieich
Ann Craig: »Discover a lovlier you«, Interiberica, S. A.
W. Cyran: »Fünfzig ist kein Alter«, Econ Verlag, Düsseldorf
Stephanie Faber: »Natürlich schön«, Heyne Verlag, München
Stephanie Faber: »Geheimnisse der Heilkosmetik«. Ganzheitlich schön mit ätherischen Ölen und Pflanzen. Heyne Verlag, München
Jean Pierre Fleurimon: »Schminktechnik«, Malôine S. A., Paris
Ira von Fürstenberg: »Young at any Age«, Weidenfeld & Nicolson, London
Gabel, Glatzel, Marquardt, Pfeilstricker: »Gift auf dem Tisch«, Nicolaische Verlagsbuchhandlung, Herford
Prof. Werner Kollath: »Die Ordnung unserer Nahrung«, Haug Verlag, Heidelberg
Gertrud May: »Balance und Bewegung«, Urban & Schwarzenberg, München
Peter Mayr: »Das Biologische Kochbuch«, Verlag Orac, Wien
Menninger/Gülicher: »Essen wir uns krank?«, Econ Verlag, Düsseldorf
Dr. med. Georg Merzbach: »Das Schönheitsbuch«, Langenscheidt, Berlin
Julia Onken: »Feuerzeichen Frau«. Ein Bericht über die Wechseljahre. Beck Verlag, München
Lisette Scholl: »Visionetics«, Thornsons Publishers Limited, Northamptonshire
Hans Jürgen Schulz (Hrsg.): »Was der Mensch braucht«, Kreuz Verlag, Stuttgart
Christiane Singer: »Zeiten des Lebens«. Von der Lust sich zu wandeln. Diederichs Verlag, München.
Myra Waldo: »The Prime of Life«, Macmillan Publishing Co.

Schriften

Dr. Michael Babor: »Gift und Allergie in der Kosmetik«, Vortrag 1978, »Gesunde Lebensführung durch energetische Ernährung«, Vortrag 1979
Christine Stromberger: »Das psychische Erleben der Wechseljahre der Frau«, Dissertationsarbeit, Wien

Register

Stephanie Faber

Naturkosmetik - natürliche Schönheit und Attraktivität

08/4689

Außerdem erschienen:

Das Rezeptbuch für Naturkosmetik
318 Rezepte zum Selbermachen
08/4688

Natürlich schön
300 neue Rezepte für selbstgemachte Kosmetik
08/4709

Hobbykurs Kosmetik
08/9012

Wilhelm Heyne Verlag
München